"El silencio guarda secretos… hasta que la verdad rompe su sombra."

Irene Calvo Diaz

Las Marcas
Del Olvido

EXIT
Editorial

Las Marcas del Olvido
Autora: Irene Calvo Diaz
BLB CONSULTORES REGISTRALES E HIPOTECARIOS S.L.
NIF.: B86927563
Exit Editorial es un sello registrado de BLB CONSULTORES S.L.
Calle Chopos, 31, 28221 Majadahonda
Teléfono: 616985408 / 673 161 172
Email: comunicacion@exitcomunicacion.com
Página Web: www.exitcomunicacion.com

Depósito legal: M-7574-2026
ISBN: 979-13-990585-9-8
Impreso en España

Dedicatoria

Álvaro, gracias por acompañarme en esta historia
y por iluminar mis días oscuros.

ÍNDICE

Advertencia

Este libro aborda temas sensibles como el bullying, el abuso emocional y el dolor psicológico.

Algunas escenas pueden resultar difíciles, pero su propósito es crear conciencia y mostrar que la recuperación es posible.

Nadie merece sufrir en silencio.

Prólogo

Dicen que el tiempo lo cura todo, pero hay heridas que no cierran con el simple paso de los días. Hay marcas que no se ven en la piel, pero que se sienten en cada respiración, en cada silencio y en cada mirada que evitamos frente al espejo. Son las marcas de aquello que otros intentaron romper en nosotros; las huellas de un pasado que, aunque intentemos sepultar bajo el olvido, siempre encuentra una forma de susurrar nuestro nombre.

Esta no es solo una historia sobre el dolor. Es, ante todo, una historia sobre el silencio. El silencio que se guarda cuando el mundo se vuelve un lugar hostil, cuando el hogar se siente vacío y cuando los pasillos del instituto se transforman en un campo de batalla donde las palabras hieren más que los golpes.

Jessica, nuestra "mariposa roja", representa a todas aquellas personas que alguna vez se sintieron pequeñas, rotas, vacías o invisibles. A través de sus ojos, recorreremos los pasajes más oscuros de su memoria: el primer amor que prometía ser refugio y terminó siendo tormenta, la traición de quienes llamaba amigas y la sombra de una crueldad que casi apaga su luz.

Pero en este relato también hay esperanza. Hay un Harry que escucha sin juzgar, hay una pluma que convierte el sufrimiento en arte y hay una fuerza interior que, aunque Jess no lo sepa al principio, es capaz de romper las cadenas más pesadas.

Al abrir estas páginas, te invito a caminar junto a ella. Tal vez encuentres en sus palabras un eco de tu propia voz. Tal vez comprendas que las marcas del pasado no son una sentencia, sino el recordatorio de que sobreviviste. Porque, al igual que la mariposa que emerge del caos, todos tenemos el derecho —y la capacidad— de extender las alas y buscar, por fin, la luz que tanto ansiamos.

Bienvenido a un viaje desde la oscuridad hacia la libertad.

¡¡¡Seguimos avanzando!!!

Ignacio Rodríguez

LAS MARCAS DEL OLVIDO

Descripción de la historia

Cuenta la historia de una chica que enfrenta una serie de desafíos dolorosos en su vida. Desde una familia rota hasta ser víctima de bullying. Su historia, Las marcas del olvido, la persigue, dejando huellas profundas de un dolor que ella cree no poder borrar. Sin embargo, en medio de esa oscuridad, algo comienza a cambiar. Como una «mariposa roja» que emerge del caos, la protagonista enfrenta sus demonios y, poco a poco, encuentra la fuerza para sanar. En una lucha feroz por su libertad, logra romper cadenas del sufrimiento, pero finalmente alcanza a ver la luz que tanto anhelaba.

"Todo comenzó por ese maldito error"

Capítiulo 1

Mi primer amor

No fue fácil, pero pensándolo mucho decidí contarle mi historia después de todo lo que pasó. Creo que él merecía saberlo. Él, el único chico que no me juzgó. Él, la única persona que me defendió, ante todo. Él, la única persona que me miró diferente al resto. Mi pareja.

—¿Estás listo, Harry? ¿Seguro que quieres saber todo...?

—Por supuesto, Jess, necesito saber quién eres, y lo que haya pasado es parte de ti.

Me miré insegura hacia los pies, callar dolía incluso más. Me centré en una sola cosa: ser capaz de encontrar las palabras.

—Bien, aquí empieza todo.

Primero debía contarle cómo nos conocimos. ¿Quién puede entender una historia si no se cuenta el principio?

Le empecé a contar como conocí a Justin. Sí, tú, Justin.

Hace ocho años...

¿Te acuerdas? ¿Te acuerdas de cuando nos conocimos, Justin? La primera vez que te vi... Y pensar que podría haberme enamorado de ti.

Esa tarde de verano había quedado con dos amigas, Estela y Malia. Nos conocimos en el campamento del año anterior, y, aunque con Estela seguía en contacto, no veía a Malia desde hacía muchísimo tiempo.

Tenía muchas ganas de ese reencuentro.

Malia venía con su novio, Justin, pero primero quedamos Estela y yo. Pasamos un buen rato poniéndonos al día, riendo, recordando anécdotas del campamento... Hasta que, más tarde, nos dirigimos al centro comercial Rangue, donde habíamos quedado con ellos.

Mientras esperábamos, escuché una voz familiar detrás de mí.

—¡Hola, Jess! ¡Dios, cuánto tiempo! —exclamó Malia.

Me giré de golpe, y ahí estaba ella, con la misma sonrisa de siempre.

—¡Madre mía, tía, estás guapísima! —logré decir, sonriendo—. Ha pasado una eternidad desde la última vez.

—Tú también estás increíble —respondió, antes de girarse hacia el chico que la acompañaba—. Bueno, os presento a mi novio. Él es Justin.

—Hola, encantada —dije, tendiéndole la mano. Soy Jessica, pero puedes llamarme Jess.

—Igualmente —contestó él, devolviéndome la sonrisa—. Soy Justin, encantado.

«Es guapo, ¿eh?», me susurró Estela al oído. «Calla, tonta», le respondí riendo y tratando de no hacerlo. ¿Por qué Estela me diría eso? Joder, habíamos quedado como dos bobas sonrojándonos con la broma...

Ninguno teníamos muy claro qué hacer y nadie parecía dispuesto a tomar la iniciativa y arriesgarse a ser juzgado por los demás...; demasiado tiempo sin vernos...

—Bueno, ¿qué os apetece hacer? ¿Adónde vamos? —pregunté mientras nos acercábamos a la salida del centro comercial—. Podemos dar una vuelta —propuse enseguida, antes de que nadie respondiera.

—Yo tengo que estar pronto en casa —dijo Estela, haciendo un pequeño gesto con los hombros—. Acabo de volver de viaje y ya sabéis cómo es mi madre. Me quedaré solo un ratito.

La tarde pasó más rápido de lo que imaginaba. Reímos tanto que hasta me dolían las mejillas. El buen rollo fluía sin esfuerzo; jugábamos a picarnos unos a otros con esa confianza ingenua y cómplice que solo se tiene en la adolescencia, cuando todo parece más intenso y más sencillo a la vez.

Bebimos refrescos, caminamos por la ciudad sin rumbo, dejando que el sol se escondiera poco a poco detrás de los edificios.

En un momento, Malia se acercó a mí con una expresión rara, como si quisiera decir algo pero no encontrara las palabras. Se la veía distraída, tal vez un poco nerviosa.

—¿Estás bien? —le pregunté, bajando la voz.

—Sí… —murmuró, pero enseguida clavó la mirada en Justin, que charlaba unos pasos más allá con Estela—. Debería dejarle.

—¿Por qué? ¿No estáis bien?

Negó despacio.

—No es eso… Es que no siento casi nada por él, ¿sabes?

Yo la miré y luego observé a Justin. Él, ajeno a nuestra conversación, me devolvió una sonrisa amable.

—Entonces, ¿por qué no se lo dices ya? —le susurré.

—No quiero estropear la tarde   respondió—. Pero lo haré.

Le sonreí y la abracé con fuerza. En ese momento todo parecía tranquilo… hasta que, al apartarme, vi a lo lejos cómo Estela y Justin hablaban. Mi sonrisa se desdibujó sin que pudiera evitarlo. Nos volvimos hacia ellos como si nada hubiera pasado, fingiendo que todo seguía igual. Continuamos hablando de nuestras cosas, riendo de nuevo, intentando que la conversación cubriera ese pequeño silencio que se había formado.

Pero entonces comenzaron las miradas.

Primero una, fugaz, como un descuido. Luego otra, más larga. Y después, ya no eran casuales. Eran miradas que decían más de lo que las palabras se atrevían.

No entendía qué estaba pasando. Mi cabeza me gritaba que no, que aquello no tenía sentido. Pero mi cuerpo iba por libre, como si obedeciera a otra lógica distinta.

Creo que empecé a sentir algo raro por Justin. Es lo único que podía admitir con cierta claridad. Me gustaba su forma de hablar, su manera tranquila de mirar, incluso cómo se movía, con esa mezcla de seguridad y calma que parecía envolverlo todo.

Y cuanto más intentaba no pensarlo, más lo hacía.

Pero no.

Era imposible. No podía ser.

Era el novio de mi amiga. Aunque ella misma había dicho que pensaba dejarle, seguía siendo su novio. Y eso bastaba para que todo estuviera mal. Mi cabeza intentaba encontrar algo de lógica dentro del caos, una explicación que me hiciera sentir menos culpable, menos confundida. Pero no la había.

Era como si el corazón y la razón se hubieran declarado la guerra y yo quedara atrapada justo en medio, sin saber a cuál hacerle caso.

Pasó la tarde rápido. Nos dirigimos hasta el centro comercial Rangue, el lugar del inicio, para poner el fin a la tarde y despedirnos.

—Es tarde. Creo que me voy. En casa van a matarme. —Fue todo lo que pude decir con cierta inteligencia.
—Vale, espero vernos más rato otro día —contestó Malia.

—Sí, claro. Cuando quieras, nos volvemos a ver. ¿Tú también te vas, Estela? ¿Nos vamos juntas? —pregunté con la esperanza de no encontrarme a solas con la revolución que me embargaba...

—Sí, claro. Un placer, chicos —dijo Estela.

Ya desde la seguridad de tener a Estela a mi lado, atiné a formular la frase más temida.

—Un gusto conocerte, Justin.

—Igualmente, Jessica.

Me giré rápidamente tomando a Estela por la mano y rezando por que el color de mis mejillas no delatara la tormenta que se estaba desatando dentro de mí… cuando noté que me cogían del brazo, me apartaban de Estela y me decían con un tono mucho más bajo y cómplice del que podía resultar cómodo en esa situación…

—Oye, ¡creo que te olvidas de algo!

—Ah, ¿sí? ¿El qué?

—Si no te llevas mi número, ¿cómo vamos a hablarnos? Contáctame tú cuando quieras.

—Vaya, lo tendré en cuenta. Ahora me tengo que ir, Justin —dije con una gran sonrisa.

Volví a acercarme a Estela, y al cogerla del brazo y girarme vi cómo mi amiga fruncía el ceño a la vez que me decía:

—¿Qué te ha dicho, Jess? ¿Te ha dado su número?

—Estela, no…; bueno, sí —contesté suspirando.

—¡¿Qué dices?! Pero ¿y Malia?

—Sí, está con ella, ya lo sé. No sé, Estela, estoy confundida.

—Ya, pero no te ilusiones: también me lo ha dado a mí —contestó

Estela con un tono pícaro. —Es broma tonta. —Soltó una pequeña carcajada.

Malia se fue de viaje unos días, pero Justin siguió hablándome. Al principio eran mensajes sueltos, conversaciones inocentes, o eso quería creer. Pero poco a poco empezamos a quedar, una vez, otra, y otra más. En todas esas ocasiones, Justin no paraba de mirarme. Tenía esa manera suya de hacerlo, como si detrás de cada gesto hubiera algo que no se atrevía a decir. Me lanzaba bromas, jueguecitos tontos que terminaban en risas, en roces leves, en silencios que pesaban más de lo que deberían.

Y aunque yo intentaba convencerme de que no pasaba nada, de que seguía siendo solo el novio de mi amiga, había algo en su forma de comportarse que me descolocaba por completo.

Ellos todavía estaban juntos… O al menos eso creía yo esos días.

Entonces, ¿por qué se comportaba así conmigo?

Una parte me decía que quizás solo era su manera de actuar; además, lo hacía con otras…, pero algo dentro de mí me hacía sentir especial, especial e idiota.

Pasaron varios días de aquel encuentro. Justin y yo nos hablábamos todo el día a todas horas, pero era una conversación normal entre dos amigos. Eso habría defendido hasta la muerte…, pero ¿los amigos hablan todos los días a todas las horas?
Pero entonces el tono de las conversaciones cambió de repente.

Comenzó a parecer abrumado y a dejar entrever que le pasaba algo. La tristeza era un registro que aún no habíamos explorado, se me hacía extraño sentirle de esa manera…

Justin me envió un mensaje:

—Oye, Jess, ¿podemos hablar? ¿Podrías quedar mañana a las doce en el pabellón Green?

El pabellón Green era el lugar donde Justin pasaba las tardes jugando al fútbol.

—Sí, claro, pero ¿estás bien? ¿Ha pasado algo? —respondí preocupada.

—No, no lo estoy, Jess. Malia y yo lo hemos dejado. Me ha pedido un tiempo, no entiendo nada… Te necesito, necesito hablar con alguien. ¿Nos vemos mañana entonces? Espero que vengas. Estoy jodido.

Me quedé helada. No sabía qué decir, pero estaba claro que Justin me necesitaba; así que quedé con él.

Al día siguiente fui al pabellón, aunque se podría decir que había ido mil veces ya en mi cabeza, desde que recibí esa llamada no podía pensar en otra cosa. Esperé quince minutos, pero a mi ansiedad tuve que sumarle la incertidumbre de su retraso. No pude más y le escribí.

—Justin, ¿dónde estás?

De repente me quedé sin respiración.

—¡Ay, joder! ¡Eres imbécil, qué susto!

—Ja, ja, ja. Lo siento mucho. Tenía que hacerlo.
—Ya, me gusta mucho tu manera de saludar —contesté indirectamente.

—Bueno, quería comentarte… Nos hemos dado un tiempo Malia y yo…

—¿Por qué? Se os veía bien, ¿no?

—Sí claro, estábamos, por eso no lo entiendo. Jess, se fue de vacaciones y de la nada me pidió un maldito tiempo.

—Joder, lo siento mucho, Justin. No sé qué decir.

—Da igual. Solo quiero distraerme. ¿Te apetece subir a mi casa y vemos una peli?

—Sí, claro. Pero había quedado con Estela. No quiero dejarle plantada…

—Dile que suba, no hay problema.

¿Justin me estaba invitando a ver una película con él? Me parecía un golpe de suerte. Si hubiera sabido… Ahí empezó todo. ¿Por qué tuve que hacerlo?

—¿Qué os apetece ver? —preguntó Justin.

—A mí me da igual, mientras no os comáis delante de mí.

—¡Estela! —respondí enfadada por su sinceridad y la situación en que me ponía con su comentario.

Se empezaron a reír los dos. Yo fruncí el ceño indignada y molesta con lo que había dicho.

Estela no era tonta y sabía de sobra que Justin me gustaba de una manera especial y un poco incontrolada.
—Bueno, pues vamos a ver A tres metros sobre el cielo —dijo Justin cogiendo la iniciativa y sorprendiéndome con la elección tan poco esperable para mí de un chico de sus características.

A los quince minutos de empezar la película de repente me cogió la mano. Lo miré confundida. Y Estela nos miró más confundida que yo si cabe. Era evidente que, aunque nos gustáramos, ese gesto no estaba dentro del plan del día.

—Tengo que hablar contigo, Justin —me atreví a decir un poco nerviosa—. No puedo ocultártelo más. —Fue mi respuesta en un susurro a su gesto inesperado.

Entonces salimos a hablar al pasillo.

—Justin…

No podía decirlo, me quedé helada. Por un lado, me gustaba poder decírselo, pero por el otro Malia y yo…, todo se iría a la mierda y no quería estropear nuestra amistad. Sabía que se enfadaría mucho y, lo peor, sabía que tendría razón.

—Me gustas… —logré decir.

Justín se empezó a reír.

—Oye, ¿qué pasa? ¿Te hace gracia?

—Se nota que estas nerviosa.

—¿Y eso qué tiene de gracioso, eh?

—Porque los dos sabemos que nos gustamos, Jess. ¿Por qué no me lo dijiste antes?

—Por Malia, Justin, es mi amiga. Yo no pensaba que esto pasaría, pero las cosas surgen. Supongo que no podemos controlar lo que sentimos.

Entonces soltó una carcajada y me dedicó una gran sonrisa. Me miró a los ojos, me atrajo hacía él y me besó. Fue un beso lento, bonito. Todo giraba a mi alrededor, toda yo me sentía cargada de adrenalina. Me gustabas mucho, Justin.

Estaba asustada. Mi cabeza se debatía inundada de mis sentimientos, pero mis pensamientos iban una y otra vez a que no podía ocultar esto a mis amigas y que todo iba a cambiar si lo hacía.

Entonces Estela abrió la puerta y Justin y yo nos despegamos rápidamente uno del otro.

Estela nos miró extrañada y sin palabras.

—Bueno, yo… voy a ir al baño, ¿eh? Os estáis perdiendo lo mejor de la peli.

Cuando entramos en la habitación, Estela ya había vuelto del baño. Se me quedó mirando. Su mirada pesaba de forma fría.

—Joder, Jess. ¿Qué le vas a decir a Malia? Porque… se lo vas a decir, ¿verdad?

—No, Estela. De momento nadie va a decir nada. Necesito tiempo, no quiero hacer daño a nadie. Prométemelo. Ella no está y esto acaba de ocurrir… Necesito tiempo.

—Lo prometo —dijo Estela dando un suspiro.

Después de varios días, Malia me escribió un poco enfadada… Era lo normal.

—Jess, ¿cómo que estás con Justin?
Me sentí traicionada, estúpida, mala persona… Pero Estela…, joder.

—¿Quién te ha dicho eso? —Fue lo único que se me ocurrió para ganar tiempo y ordenar mis pensamientos.

—Justin. Joder. Justin. Quería volver con él y ahora resulta que estáis los dos juntos.

¿Quería volver con él?

—Malia, quería decírtelo, pero no sabía cómo; eres mi amiga, pero sabía que no podía hacerlo. Malia, te fuiste. Le pediste un tiempo y surgió, ya está. Lo siento, pero las cosas pasan.

Claro que lo sentía. Era mi amiga, pero surgió. No supe pararlo, no pude…, no quise pararlo.

—¿Lo sientes? ¿En serio, Jess? Creo que nosotras también deberíamos darnos un maldito tiempo. Olvídate de mí, Jessica.

Y así es cómo terminó nuestra amistad. Pero me gustaba Justin, mi cabeza, mi cuerpo y mi alma me arrastraban a él…, y no podía hacer nada contra eso.

El amor y la amistad eran cosas muy distintas. Lo sabía, o al menos eso intentaba repetirme una y otra vez.

Pero no podía renunciar a él.

Había algo en Justin que me hacía sentir viva, como si todo cobrara sentido solo cuando estaba cerca. Y aunque me dolía lo que estaba haciendo, aunque parte de mí quería retroceder, ya era demasiado tarde.

Justin y yo… éramos el uno para el otro.

O eso creíamos.

Él fue mi primer amor.

"Algunas puertas no deberían abrirse"

Capítiulo 2
¿Amigos?

¿Nos podríamos denominar amigos? ¿Qué hacen los amigos? ¿Por qué me asaltaba la imagen de lobos con piel de oveja?

La curiosidad siempre mata al gato.

Justin y yo llevábamos dos semanas saliendo juntos. Eso sí lo tenía claro. Salíamos juntos. Salíamos, nos divertíamos. Me picaba, y sabía cómo hacerlo, aún jugábamos como adolescentes que éramos, pero su juego bruto siempre encerraba un acercamiento, un juego de seducción. Algunas veces era muy bruto. Siempre me terminaba haciendo daño. Luego estaban sus besos, dulces y lentos, y de repente me besaba de una forma brutal y poderosa. Justin era el chico con el que había soñado siempre.

Tres semanas después…

Ni que decir tiene que había perdido a Malia, era algo que sabía desde que empezaron a crecer mis ansias por este chico, pero con el paso de los días también me alejé de Estela. Porque confié en ella y me falló.

Pero también por su comportamiento. Solo quería que quedara con ella y a mí me apetecía también quedar con Justin. Eso me alejó de ella. Perdimos el contacto por completo.

Decidimos bajar Justin y yo al pabellón Green. Él quería jugar un rato al fútbol y presentarme a algunos de sus amigos; yo estaba feliz de acompañarle, verle darlo todo en el juego y luego lucirse orgulloso.

En qué momento me los presentaste, querido Justin.

—Bueno, estos son los chavales —dijo Justin con un tono chulo en su voz—. Este es mi mejor amigo, Chars, y ellos son Oliver, James, William…

—Encantada, soy Jessica.

Parecían muy majos todos, ¿verdad?

—Luego vengo, ¿vale? Te amo, Jessica Haulens. —Me dedicó una sonrisa a medias.

—Qué poético, ¿no? Justin Rose...

—¿Lo dudabas?

—Claro que no. —Sonreí—. Yo también te amo. Corre, ve a jugar

Me dio un beso y se fue a jugar.

Justin era un chico amable, romántico, y era él mismo, actuaba cordial y atento. Eso era lo que me gustaba de él, pensé mientras le veía alejarse.

Me quedé ahí sentada bastante tiempo, me aburría bastante ver el fútbol, no era lo mío. Pero lo hacía por él, por nosotros, por lo que éramos cuando estábamos juntos..., una extensión el uno del otro..., así lo sentía.

Estaban ya recogiendo todos para marcharse. Eran las 21:09. Justin estaba entretenido al fondo de la instalación cuando unos amigos suyos se acercaron a hablarme.

—Ey, perdón por no haberme presentado antes. Teníamos prisa por jugar. Soy Chars —dijo con una sonrisa fácil, de esas que desarman al instante—. Encantado de conocerte.

—Vaya..., el famoso Chars, el mejor amigo de Justin —respondí, divertida—. No te preocupes —añadí después—. Soy Jessica, pero llámame Jess mejor. —Le devolví la sonrisa.

—Oye, te acompañamos a casa, ¿vale? —propuso él entre risas, lanzándole una mirada cómplice a Justin.

—Genial, gracias —respondí, intentando sonar natural.

Ya era tarde, y decidí que era hora de volver. Chars se unió a Justin y a mí, y los tres caminamos juntos.

Ellos no paraban de hablar de fútbol, de los goles que habían marcado, de jugadas que parecían más importantes de lo que realmente eran.

Chars, en cambio, se volvía hacia mí de vez en cuando, haciendo preguntas pequeñas, curiosas, con esa intención clara de querer conocerme mejor.

Y yo…, bueno, no pude evitar reírme con ellos. Por un rato, todo volvió a parecer sencillo.

Justin y yo nos despedimos con un abrazo y un beso. Fue rápido, casi discreto, pero lo suficiente para que el corazón me diera un vuelco. Justin sonrió, y su amigo también lo hizo. Con esa amabilidad silenciosa acercó su mano.

—Encantado, Jess

—Igualmente.

Cuando subí a casa, la cena ya estaba servida en la mesa. Todo parecía en orden, igual que siempre.

Pero mi móvil no paraba de vibrar.

Mensajes, uno tras otro, llenando la pantalla, iluminando el salón con un brillo inquieto. Todos sus amigos me habían mandado solicitudes de amistad en Instagram. ¿El mundo se acababa hoy?

¡Qué prisas!

Me hacía mucha ilusión conocer a sus amigos, y parece que era recíproco. Mensaje nuevo:

—Hola, Jess, soy Chars. ¿Cómo estás? Podríamos hablar más, si no te importa, claro. Me has caído muy bien.

Me agradó que me dijera eso.

—¡Hola! Muy bien, muchas gracias. Sí, claro, no me importa —dije ilusionada de ampliar mi deteriorado círculo de amistades.

Chars me preguntó qué estaba estudiando, y de repente nos pusimos a hablar como si nos conociéramos de toda la vida.

Hablamos un buen rato, entre risas y comentarios sueltos, compartiendo pequeñas historias de nuestras vidas.

Era sorprendente lo fácil que resultaba conversar con él, como si las horas pudieran pasar sin darnos cuenta.

Me tuve que ir a dormir, el sueño me mataba, me quedé dormida con el móvil en la mano en el filo de la cama.

Y, de repente, después de un mes, me despertó un mensaje de Justin. No podía ver muy bien, tenía la mirada borrosa, me lavé la cara y miré el mensaje.

Leí el mensaje y mi corazón se detuvo por un instante.

«Jess, creo que deberíamos… dejarlo».

Las palabras brillaban en la pantalla, cortas, tajantes, y aun así cargadas de todo lo que no se decía. No podía apartar la vista, y una mezcla de miedo y tristeza se enredó en mi pecho. ¿Qué? ¿Justin me estaba dejando? No entiendo nada. ¿Qué habrá podido cambiar...?

Mi corazón se encogió.

«Jessica, no sé… quiero estar solo, un tiempo».

Las palabras parecían pesar más de lo que realmente ocupaban.

Un nudo se formó en mi garganta. Quería responder, pero no sabía qué decir.

Cada letra me recordaba que, a veces, incluso las personas que más quieres necesitan distancia…, y yo no estaba segura de poder dársela.

—Eres un idiota, Justin, un idiota. He perdido una gran amiga por estar contigo. Es que…

No lo entendía, no entendía nada de lo que estaba pasando. Me sentía mal, como si todo mi mundo hubiera quedado patas arriba en cuestión de segundos.

Sentía miedo… y, al mismo tiempo, algo extraño que no sabía cómo nombrar.

Era una mezcla de culpa, deseo, confusión y un anhelo que no podía controlar.

Al poco tiempo de esto, ¿una hora quizás?, aún estaba aturdida y sin saber cómo reaccionar a esta nueva situación cuando me entró otro mensaje, esta vez de Chars.

—Oye, me he enterado de que lo habéis dejado Justin y tú. Lo siento de verdad. ¿Cómo lo llevas?

—Superbién —ironicé.

—Ya… Lo siento, Jess. Si te apetece, mañana podemos quedar. Quiero que te lo pases bien con nosotros. Justin es así, se cansa y se va de un día para otro. Lo hace con todas, ¿sabes?

Vaya, así que con todas…

—No sé. No tengo muchas ganas de salir; te avisaré con lo que sea, pero gracias —dije disgustada.

Son demasiado majos, ¿verdad? A veces no se reconoce a los lobos vestidos de oveja, en eso consiste el disfraz.

Al día siguiente escribí a Chars y sí, decidí quedar con ellos, me lo pasé muy bien, me reí mucho, lo necesitaba, necesitaba sentirme en grupo, volver al jugueteo, la confidencialidad, las risas y no pensar en nada.

Hablábamos sin parar, me quedé en el pabellón Green viéndolos jugar un rato. El juego seguía aburriéndome, pero me lo pasé bien. Me sirvió para distraerme.

Hasta que llegaste.

Joder, ¿es que nadie me podía haber avisado?, pensé indignada.

Chars y los demás nos miraron extrañados.

¿Por qué tuviste que venir, Justin? Sabías que iba a estar en el pabellón. Una parte de mí quería gritarte, zarandearte, mostrar toda mi ira por interrumpir este momento, por contaminarlo. Pero otra parte, la cabal, la analítica, me decía que tenías todo el derecho a estar allí, a jugar ese partido, eran tus amigos, a fin de cuentas.

Cuando llegó, ni siquiera nos dirigimos la palabra. Yo podía estar enfadada, pero él ¿tenía derecho a estarlo y tratarme así?

Hasta que…

El reloj marcaba las 21, ellos habían acabado de jugar. Justin me saludó desde la pista, así que decidí bajar y saludarle, y tal vez disculparme por cómo le había hablado la última vez. Pero ¿acaso tenía que hacerlo?

—Justin, lo siento por haberme puesto así, creo que me pasé. Entiende que me dolió que me dijeras eso así, sin más… Aún hoy sigo dolida y sin entender nada.

—Yo también tengo que disculparme por haberte hecho tantas ilusiones y por dejarte así, sin más. Lo siento.

Y cómo no. Te perdoné. Te quería. Algo tendré que ir aprendiendo de esta historia…

—Me tengo que ir. Adiós —dijo cortante.

—Adiós, Justin —me despedí.

Estaba tan desanimada… No quería hacer nada, no hacía nada por verme bien. Joder, podría haber sido una tarde buena e irme a casa con un buen sabor de boca e iba a regresar sintiéndome una mierda y con el pensamiento confuso.

Era tan raro despedirnos sin un beso. Qué difícil es romper esas conductas, esos hábitos, esos deseos, solo porque uno pronunciara ciertas palabras. Pasar del todo a la nada… Es difícil, y duele cuando lo considerabas el amor de tu vida.

Pasaron días, varias semanas. Tú seguías en mi cabeza.

Día, tarde, noche. No podía dejar de pensarte.

Pasábamos todas las tardes juntos, por eso me dolía más. Yo no renunciaba a salir, a hacerme un hueco en tu grupo de amigos, que era lo único que me quedaba después de la desolación que causó nuestra relación en mi círculo de amigas. Decía que me hacía fuerte salir, conocer a estas nuevas personas…, pero en realidad te miraba y no hacía más que pensar y pensar en por qué no te dolía tanto como a mí me estaba doliendo.

—¿Estás bien, Jess? —dijo Chars preocupado.

—Sí, sí, solo estoy…

—Pensando en él, ¿no? —respondió mi amigo suspirando, con una voz tranquila.

—Sí…, pero estoy bien.

Se me hizo muy difícil estar sin ti, Justin. Dolía. Muy fuerte. Y muy dentro. Quizás así se siente el amor cuando termina.

"A veces el enemigo esta mas cercano de lo que crees"

Capítiulo 3
Ilusiones

¿Y si aquello que parece amabilidad se convierte, sin quererlo, en crueldad?

Empecé a quedar más con los chicos, aunque los días parecían repetirse, siempre iguales y perfectos…, al menos en apariencia. Pero pronto noté cambios exagerados en su comportamiento conmigo.

Comenzaron los motes, las bromas pesadas, los comentarios que me hacían sentir fuera de lugar. Y entonces empecé a darme cuenta de quiénes eran en realidad.

No quería verlo. Los había considerado mis amigos, pero… ¿lo eran de verdad?

Me dolió descubrirlo. Me dolió ver cómo, bajo la risa y la camaradería, se escondía algo distinto, algo que no esperaba.

Y tú, Justin…

¿Cómo podía ser que, sabiéndolo todo, siguiera enamorada de ti?

¿Cómo podía estar tan ciega?

Decidí escribir a Justin.

Y decirle que le echaba de menos. Siempre me había costado tragarme las cosas, había confiado en que hablar era la solución a todo.

Aunque… ahora creo que no fue buena idea.

Y me quedé pensando, sola, con el móvil en la mano.

¿Entienden nuestro lenguaje los lobos?

Porque a veces parece que no, que, por más palabras que usemos, lo que sentimos queda atrapado entre nosotros, invisible, incomprendido.

Le escribí:

—Justin, siento mucho lo que voy a decirte, pero te quiero... Creía que lo nuestro podía llegar a ser algo más.

La respuesta llegó casi de inmediato:

—Mira, Jess..., no quiero disgustarte más. Ni siquiera sabes cómo soy...

La cuestión es que simplemente quiero estar solo.

—Lo sé, Justin, pero no entiendes... —tecleé, intentando explicarme.

Y entonces me cortó la conversación.

Después volvió a escribirme:

—Mira, Jessica..., te quiero mucho, pero como amigos. Eres muy especial para mí y no quiero cagarla contigo. Ese es mi miedo.

Leí las palabras una y otra vez, sintiendo cómo un nudo se formaba en mi garganta. Todo lo que había esperado, todo lo que había soñado, se desmoronaba en silencio frente a mí.

—¿Cómo puedes ser así? —tecleé con los dedos temblorosos—. ¡Eres un egoísta, Justin!

La respuesta llegó rápida, casi fría:

—Jessica..., no voy a ponerme a discutir contigo. Lo siento.

Sentí que todo se me venía encima. Era como si mi rabia, mi dolor y mi decepción se hubieran condensado en una sola frase que él no estaba dispuesto a enfrentar.

Entendí, de golpe, que todo había sido una ilusión.

Que lo que sentía, lo que soñaba, no era más que un espejismo.

Todo fue una mentira.

Solo quisiste jugar, y yo…, yo me dejé llevar.

Un nudo se formó en mi pecho, y por primera vez en mucho tiempo me sentí completamente vacía.

Todo cambia de la noche a la mañana, así como así, sin dejar rastro.

Y, cómo no, decidí quedar con Chars. Decidí quedar con mi amigo Chars para despejarme un rato. Quería pasármelo bien y, sobre todo, intentar olvidarme de Justin de una vez por todas.

—Oye, quería decirte algo, Jess —empezó Chars, con esa seriedad que a veces parecía tan rara en él—. Estoy aquí para lo que necesites. Sé que Justin es mi mejor amigo, pero no puedo aplaudirle todo el rato. Da igual lo que le demuestres, Justin es así: se cansa y se va… sin dar explicaciones.

Me quedé sin palabras. Por un momento, sentí que no sabía cómo responder. Pero luego pensé: quizá Chars tenía razón. Él le conocía de sobra…, yo no.

—Es un gilipollas —soltó, como si no pudiera contenerlo más.

Me sorprendió que hablara así de su amigo. ¿No se supone que los amigos se protegen?

—Tú vales mucho, Jessica —continuó—. No te merece.

Y así empezó nuestra «amistad»… aunque, pensándolo bien, ¿se podía llamar amistad?

—¿Y si vamos al McDonald's, Jess? Te vendrá bien.

—¡Sí! —dije ilusionada.

—Está bien —respondió Chars dando un suspiro y dedicándome una sonrisa a medias.

Me lo pasaba muy bien con él. Chars siempre hacía lo que fuera por verme feliz. Le agradaba mucho la idea de que yo fuera su amiga, siempre me lo decía. Y eso me hacía sentir bien. Era muy buen amigo. O eso pensaba.

Nos pedimos un helado. Le dije antes de ir que lo podía pagar yo, pero decidí gastarle una pequeña bromita. Sabría que le daría vergüenza y se pondría rojo.

—Hola, buenas; quería un helado de Oreo.

—Son 3,40.

Miré el monedero y le dije que no tenía dinero.

—¡Ay, mierda! No tengo el dinero… No, no, no puede ser, lo tenía. ¡Juraría que lo había guardado! ¿Qué hacemos?

Dios, parecía un tomate. La señora nos miró extrañada. Entonces comencé a reírme a carcajadas.

—Ja, ja, ja, que sí que lo tengo.

—Pero eres idiota. Joder, la vergüenza que me has hecho pasar. No hace gracia —respondió Chars un poco molesto. Pero luego comenzó a reírse—. Eres muy idiota, Jess.

—Soy única —contesté con una sonrisa pícara.

—No lo dudo, Jessica.

Un rato después, fuimos al pabellón Green. Se lo había prometido a Chars. Me quedé ahí esperando a que terminaran de jugar.

Pero entonces me llamó mi madre. Se la notaba un poco molesta, quizás solo había tenido un mal día…, supongo.

—Jess, ¿dónde estás?

—Con unos amigos —respondí un poco pasota.

—Ah, vale. No me cogías el teléfono, me preocupé.

Era verdad: siempre tenía el móvil en silencio, casi nunca se lo cogía.

—¿A qué hora vas a llega a casa? Te quiero pronto aquí.

—Vale, sí. A las nueve, ¿no?

—Vale, ni un minuto más.

Me fui antes de lo previsto; hacía frío y necesitaba caminar sola. Me despedí de los chicos y seguí mi camino escuchando música. Sonaba «Treat You Better», y por un momento todo parecía más llevadero.

Cuando por fin llegué a casa, a mi madre se le veía un poco bebida. Solo la saludé y subí a mi cuarto. Cada vez que llegaba a casa era como entrar en un vacío. Mi padre rara vez salía de su despacho y mi madre discutía por discutir.

Me sentía segura solo en mi habitación. Era mi refugio, el único lugar donde podía ser yo misma. Pero me dolía no tener una buena conversación con mi madre.

Hace años, en mi infancia, era alguien a quien adoraba. Ahora…, en mi vida actual, era la persona a la que menos soportaba.

Últimamente me notaba más cansada de lo habitual.

No tenía hambre, y cuando intentaba dormir, tampoco podía.

Solo quería cerrar los ojos y que todo se detuviera por un momento.

Pensaba mucho en mis padres, en si algún día las cosas podrían mejorar entre nosotros. También pensaba en Justin…, en lo que había perdido, o en si realmente alguna vez lo tuve.

Incluso en el colegio me iba fatal. Nada me salía bien.

Sentía que todo se me escapaba de las manos, como si la vida siguiera avanzando mientras yo me quedaba atrás, atrapada en mis propios pensamientos.

"No sabía que estaba entrando en una trampa"

Capítiulo 4
Mi grupo

Yo era sensible.

Me dolían muchas cosas, demasiado, y me dejaba arrastrar por la gente a mi alrededor.

Sabía que no estaba bien, que debía protegerme, pero tampoco hacía nada por evitarlo.

Era como si, en cierta manera, quisiera sentir todo, incluso el dolor, aunque me hiciera daño.

A veces la gente no es lo que dice ser, no es lo que ves, ni lo que crees que son, y, como siempre digo, hay muchos lobos disfrazados de ovejas.

El grupo había cambiado mucho últimamente. Había más confianza, pero a la vez veía cosas que hacían que no me terminaran de gustar.

¿Qué clase de «amigos» se ríen de poner motes para meterse con los demás, o hacen *stickers* molestos y de mal gusto? No digo que no fuera algo divertido para unos, pero era demasiado humillante para otros. Para mí, sin ir más lejos. ¿Qué tipo de stickers eran los que utilizaban para ridiculizarme?

Porque seguro que los hacían también.

Enana, sí, ese era mi mote. Por suerte no fue para tanto; además, me gustaba, sonaba cariñoso. Tal vez porque nunca ha sido algo que me preocupe…, mi estatura no me avergüenza. Si lo hubieran hecho de algo que me hiciera sentir insegura, ¿habría reaccionado igual?

—Jessica, alguien ha hecho un *sticker* tuyo… ¿Quieres verlo? —comentó Justin, riéndose mientras me enseñaba el teléfono.

Me quedé un momento en silencio, sin saber si reír o enfadarme.

—¿Un *sticker* mío? —pregunté, alzando una ceja, divertida y un poco incrédula—. ¡No me lo puedo perder!

Justin soltó otra carcajada y me mostró la pantalla.

—No… —dije, negando con la cabeza—. No es divertido.

Justin dejó de reírse al instante, sorprendido por mi reacción.

Sentí una mezcla de rabia y vergüenza. ¿Cómo podían reírse de algo así?

No era solo un *sticker*, era una burla, una manera de convertirme en un objeto de risa, y me dolía más de lo que quería admitir.

Justin no era así, y menos cuando sabía que algo no me agradaba, nunca se reía de mí para humillarme. Pero en este caso estaba mostrando otra cara.

Aunque Justin no era el único que se estaba riendo… ¿Qué estaba pasando?

—¿Quién ha sido? ¿Quién ha hecho esto?

De repente, todas las risas se apagaron en mi cabeza. No era un juego, ni una broma inocente. Era mi imagen, convertida en algo que otros podían señalar y comentar.

Sentí un nudo en el pecho, una mezcla de incredulidad y vergüenza que me dejó sin palabras.

No sabía por qué eran así conmigo. ¿Les habría dado demasiada confianza? Eran todos muy majos, ¿verdad? Pensé por un instante, casi lo creí.

Pero mi cabeza no tardó en contradecirme. Todo lo que antes parecía amable ahora se me mostraba diferente, oscuro.

Las sonrisas, los gestos, las palabras…, nada era lo que parecía.

Y de pronto entendí que no siempre lo que brilla es bueno, y que yo había confiado demasiado en quienes no lo merecían.

—Venga, Jess, es una broma —comentó Justin, intentando sonar despreocupado.

—¿Una broma? —dije, incrédula y furiosa—. Contarles nuestras intimidades a tus amigos para luego hacerme un *sticker*... ¿es una broma?

—No pude contenerme—. ¡Iros a la mierda! —exclamé, con la voz temblando entre rabia y dolor.

En ese momento todo se rompió. Las sonrisas, las bromas, incluso lo que creía cariño... Parecía mentira, como si nada de lo que había vivido con Justin tuviera sentido.

Cogí mis cosas para irme, con el corazón encogido, pero Justin me lo impidió.

Con cuidado, cogió mi cara entre sus manos y me secó las lágrimas..., las mismas que él mismo había provocado.

—Lo siento..., perdóname —susurró—. No debería haberlo hecho.

Lo aparté suavemente y me dirigí a la salida, decidida a marcharme.

Pero él me siguió, corriendo detrás de mí:

—¡Jessica, por favor! —gritó—. Ha estado fatal, te quiero...

No fue solo esa palabra pequeña, « te quiero», lo que me hizo detenerme.

Fue todo lo que llevaba implícito, todo lo que habíamos vivido.

Me giré lentamente.

—¿Me quieres? —pregunté, con la voz temblorosa—. Hacerme daño..., ¿eso es querer?

—Jessica…, te dejé por miedo —confesó él, con los ojos llenos de arrepentimiento—. La he cagado mucho.

El aire se llenó de silencio, de palabras no dichas y de emociones a flor de piel.

Por primera vez, no sabía si lo que sentía era dolor, amor o una mezcla imposible de todo.

—Lo sé —dijo Justin, con la voz rota—. He sido un idiota, lo he jodido todo…, pero quiero que me des una oportunidad. Poco a poco, sin prisas.

—¿Por qué ahora, Justin? —pregunté, con el nudo en la garganta y los ojos aún húmedos.

Él bajó la mirada un instante, como buscando las palabras correctas.

—Quizás… me he dado cuenta de lo que he perdido —susurró finalmente.

El silencio que siguió fue pesado y tenso, lleno de todo lo que no se podía decir.

Yo no sabía si abrir mi corazón otra vez o protegerlo, si creer en sus palabras o solo esperar que se rompieran de nuevo.

—¿Podría darte otra oportunidad… después de dejarme como si nada?

—pregunté, con la voz temblorosa—. ¿Después de humillarme delante de tus amigos…?

Pero sabía que, en el fondo de mí, todavía te seguía queriendo.

Él se acercó lentamente, y su frente rozó la mía.

—Bésame —susurró.

—No puedo, Justin... Tú... —balbuceé, apartando un poco la mirada.

—Si no lo haces tú, lo haré yo —dijo, y antes de que pudiera reaccionar, sus labios rozaron los míos.

El mundo se detuvo por un instante. Todo lo demás desapareció: las palabras, las dudas, el dolor..., solo quedábamos él y yo, respirando el mismo aire, sintiendo cada latido del corazón del otro

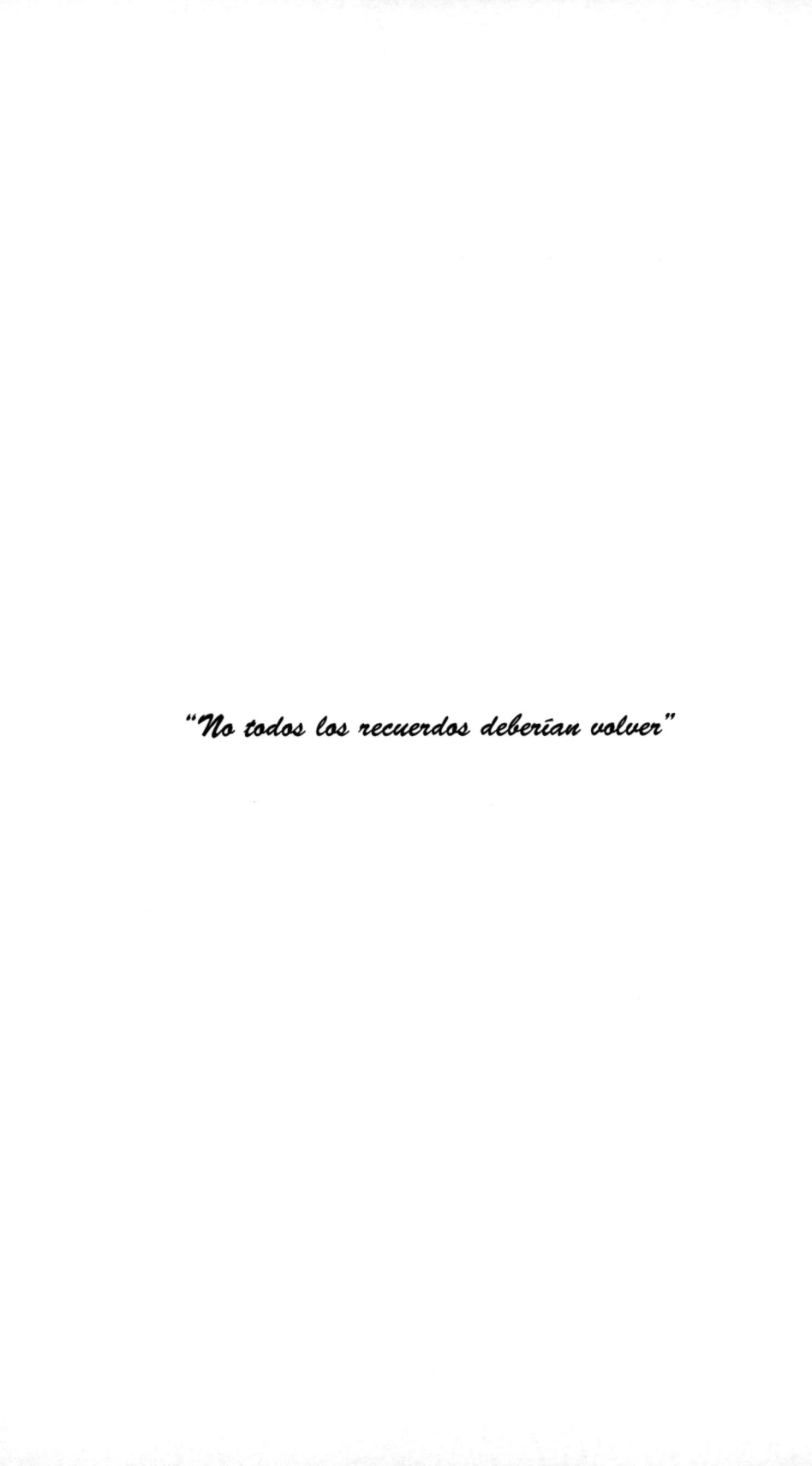

"No todos los recuerdos deberían volver"

Capítiulo 5

Solo un día más

Y sí, te la di. Te di otra oportunidad más, Justin.

Pasó una semana, estaba tan feliz con él que ni yo me esperaba tanto, me estaba demostrando que quería estar conmigo. O eso parecía. Todas mis esperanzas estaban puestas en que no estuviera jugando; algo en mí era distinto de la primera vez, algo en mí no se relajaba.

La alerta estaba encendida, así no podía ser lo mismo.

Muchas veces nos subíamos a su casa, nos pasábamos toda la tarde viendo películas, estar con él era lo que más me gustaba.

Y otros días pasábamos las tardes en el pabellón. Un día conocí a más gente, más gente del grupo con la que no me había encontrado antes.

—Mira, Jess, este es James, no le conocías, baja pocas veces con nosotros

—me presentó Chars.

—Un gusto, soy Jessica.

—Igual —respondió James.

Todavía Justin no estaba en el pabellón con nosotros. Estaba tardando mucho, y él era de llegar siempre a la hora, tampoco me respondía los mensajes. ¿Habrá pasado algo?

No quería ser celosa ni pensar cosas que no eran, pero… dudaba, dudaba mucho de él. Tenía la duda metida en el interior como una planta en un invernadero.

Hasta que después de una hora me contestó.

Mensaje de Justin:

—Ya voy. Lo siento, no pude contestar, Jess. Estáis en el pabellón, ¿no?

—No pasa nada, amor. Sí, ahí mismo.

No tardó mucho en venir, apareció ya bajando las escaleras.

—¡Hola, bebé! ¿Cómo estás? Perdón. No podía responderte a los mensajes, estaba ayudando a mi madre y eso.

—No te preocupes, pero podrías haber avisado.

—Sí, lo siento.

Desde lo que me dijo Chars, de cómo era Justin, de cómo se comportaba con otras chicas, o de que él le conocía bien, no quería imaginarme que estaría tonteando con otras, pero mi imaginación se iba a esos escenarios sin pedir permiso.

Pasaban las horas y pensaba que todo estaba bien.

Hasta que…

—Oye, Jessica, he visto tu sticker —respondió James con tono pícaro.

—¿Cómo? —Justin se acercó y le pidió que parara—. No hace gracia, tío.

—Pues lo hiciste tú, querido Justin.

Yo me levanté del banco y me fui decepcionada de nuevo.

Pero Justin me acompañó en todo momento.

—Le he pedido a Chars que lo borre, ¿vale? —dijo Justin, mirándome con una mezcla de culpa y ternura—. Te quiero.

Yo lo miré en silencio. Las palabras se me quedaron atrapadas en la garganta.

—Y yo… —susurré, sin atreverme a terminar la frase.

Porque sí, todavía lo quería. Pero también dolía. Y en ese momento entendí que a veces el amor no basta para borrar lo que duele.

—Gracias —contesté entre molesta y aliviada.

No lo iba a ver nadie más, pero ahora lo veía James… ¿Qué sorpresa vendría después?

—Mañana pasamos toda la mañana juntos, ¿te parece? —preguntó Justin, con una sonrisa que parecía querer arreglarlo todo.

—Sí…, genial —respondí, devolviéndole la sonrisa casi sin pensarlo.

Por un instante, todo volvió a sentirse ligero.

Como si nada malo hubiera pasado, como si aún existiera la posibilidad de empezar de nuevo.

Al día siguiente me levanté temprano.

Me puse un vestido corto de color negro y alisé mi pelo con cuidado, mirándome en el espejo más tiempo del habitual. Quería verme bien, sentir que ese día podía ser diferente.

—Oye, ¿adónde vas tan guapa? —preguntó mi madre desde la puerta, con una media sonrisa.

—He quedado con Justin —respondí, intentando sonar natural.

—Pásalo bien.

—Vale —dije, devolviéndole la sonrisa.

Por primera vez en mucho tiempo, todo parecía un poco más tranquilo entre nosotras. Casi como si el caos de los últimos meses empezara, poco a poco, a ordenarse.

—Vale, Jess, no pasa nada. ¿Vas a cenar ya?

Parecía que mi madre y yo estábamos mejor. El mundo a veces es difícil de entender.

Por fin cerré la puerta detrás de mí.

Salí casi corriendo, con el corazón latiendo rápido, directa a su casa. Iba a pasar toda la mañana con él, y esa idea me llenaba de una emoción que no podía disimular.

Cuando llegué, toqué el timbre y esperé unos segundos que se me hicieron eternos. Subí las escaleras dando pequeños saltitos, riéndome sola. Era un tercero, y al llegar arriba ya estaba un poco agotada, pero feliz.

La puerta se abrió y ahí estaba él.

Sin decir una palabra, Justin me abrazó. Sentí su olor, su calor…, y entonces, sin pensarlo, nos besamos.

Fue un beso intenso, de esos que te hacen olvidar todo lo que dolió antes.

Llegamos a su habitación entre risas, dejándonos llevar por la emoción del momento. Todo parecía tan fácil, tan natural. Nos acercábamos sin prisa, con la complicidad de quienes habían pasado por demasiadas cosas y, aun así, querían volver a sentirse bien.

Nos quedamos un instante en silencio, solo mirándonos, respirando el mismo aire. Fue un momento lleno de ternura, de calma después de tanta tormenta.

Más tarde bajamos a la cocina. Él buscó algo en los armarios y acabamos preparando unas palomitas entre bromas y empujones suaves. Pusimos una película, y el mundo se redujo a eso: una pantalla, nuestras risas y el calor tranquilo de estar juntos sin pensar en nada más.

Era bonito, ¿verdad?

Cuando empezó a hacerse tarde, supe que tenía que irme.

Justin me acompañó hasta la puerta, y por un momento ninguno de los dos dijo nada. Entonces se inclinó hacia mí y me dio un beso frenético en la frente, como si quisiera dejar una huella invisible antes de dejarme marchar.

Sonreí débilmente y me giré, bajando las escaleras mientras el eco de mis pasos se mezclaba con el latido acelerado de mi pecho.

En cuestión de segundos, desaparecí entre los peldaños…, pero todavía sentía su beso ardiendo en mi piel.

Pero, al parecer, en esa larga semana sin vernos, todo empezó a sentirse extraño otra vez.

Las conversaciones se hicieron cortas, forzadas.

Casi no coincidíamos, y aunque los dos teníamos que estudiar, mi mente no dejaba de darle vueltas a todo.

Algo había cambiado, lo sentía.

Y entonces, una tarde, el mensaje llegó.

«Jessica, no siento que haya el mismo sentimiento…».

Leí esas palabras por encima, pero fueron suficientes.

Era como si cada letra pesara más que el aire que intentaba respirar.

Supe, sin necesidad de leer más, que todo aquello se estaba desmoronando de nuevo.

Y aunque me dolió, no me preocupé ni me molestó mucho, la verdad, me lo esperaba de él. Esa alarma que se mantuvo encendida dentro de mí, de alguna manera, me protegió de que la caída fuera más grande.

Ya lo había hecho dos veces.

No iba a romperme una tercera.

Esta vez no.

Quiso jugar… y ahora era mi turno.

Ya no quedaba espacio para lágrimas ni excusas, solo para esa nueva parte de mí que por fin había aprendido a no suplicar cariño donde no lo había. Tenía que pasar página.

Justin no era para mí, y lo supe con una certeza fría, casi liberadora.

Seguí viéndome con él y con sus amigos, como si nada hubiera pasado, aunque a veces dolía. Sí, dolía…, pero ya no era ese dolor del amor perdido, sino algo distinto, más amargo.

Sentía asco, decepción.

No por haberme dejado, sino por haber jugado conmigo, por convertir en burla lo que alguna vez fue sincero.

Había contado cosas nuestras, cosas íntimas, y eso fue lo que más me rompió.

En ese momento entendí que ya no era el Justin que conocí, ni el chico del que alguna vez me enamoré.

Era solo un reflejo vacío de lo que creí que era amor.

Quince días después, James me habló.

—Oye, ¿cómo estás? —dijo—. No te he preguntado ni siquiera...

—Supongo que bien —respondí, sin querer ir más allá.

Hubo una pequeña pausa antes de que continuara:

—Ya... Sé que tú y Justin lo habéis dejado. Lo siento. —Luego añadió, casi con timidez—: Quiero conocerte, ¿sabes? Deberías pasar página, Justin no te hará bien.

Esa noche hablamos durante horas. No sé exactamente cómo ocurrió, pero la conversación fluyó con una naturalidad que me desarmó. Lo que iba descubriendo de él me gustaba. Tenía algo distinto…, una manera de escuchar, de responder, esa picardía…

¿Podían ser tan diferentes en grupo cuando en la intimidad reflejaban una sensibilidad que difícilmente podía haber imaginado?

—Bueno, es un poco tarde —dije, mirando la hora en la pantalla—. Creo que debería irme a dormir ya.

—Sí, tienes razón —respondió James—. Pero antes de que te vayas a dormir… debería decirte algo.

—¿El qué? —pregunté, un poco extrañada.

Hubo un silencio corto, casi nervioso. Luego escribió:

—¿Sabes lo que deberíamos hacer? Divertirnos. Pasa de página, Jess. Mañana, a las doce, en la estación.

Me quedé mirando el mensaje unos segundos.

Sonaba impulsivo, pero… ¿por qué no? Divertirme. Olvidar. Pasar página. Quizá esa era la mejor opción, quizá lo que necesitaba para no seguir dándole vueltas a lo que ya no tenía arreglo.

—Hecho —respondí, sonriendo sin darme cuenta.

Apagué el móvil, pero aquella sonrisa siguió ahí, en la oscuridad de mi habitación.

Me sonó la alarma y me desperté de un salto.

La emoción me recorría el cuerpo, como si algo dentro de mí supiera que ese día sería distinto. No podía quedarme quieta; quería ir más rápido, vestirme, salir, llegar ya.

Mientras me preparaba, todo me parecía más ligero: la luz que entraba por la ventana, el ruido de la calle, incluso el café tenía otro sabor.

Era una sensación extraña…, hacía tiempo que no me sentía así.

Miré el reloj. Faltaban apenas veinte minutos para las doce.

El corazón me latía con fuerza, y aunque no sabía exactamente qué esperaba de aquel encuentro, había algo claro: por primera vez en semanas tenía ganas de salir a vivir.

Estaba emocionada, nerviosa. ¿Sería esta la manera de olvidarme de Justin? ¿Sería la manera de no sufrir y adelantarme a los desplantes de los chicos?

Fui corriendo a la estación, me había pasado un poco de la hora. Parece que estaba aprendiendo a comportarme con su mismo código.

—Ay, perdón por haber llegado tarde —dije, casi sin aliento.

—Nada, tranquila —respondió él, encogiéndose de hombros. Su voz sonó relajada, pero sus ojos me recorrieron de arriba abajo con descaro.

Luego se relamió el labio inferior, como si no pudiera evitarlo.

Yo reí, tratando de quitarle importancia al momento, aunque sentí cómo me subía el calor a las mejillas.

—Oye…, hace frío —dije, frotándome los brazos.

Él sonrió, esa sonrisa suya que siempre parece esconder algo.

—Podemos ir a algún portal o algo así —propuso.

No supe si lo decía por el frío… o por tenernos más cerca.

Pero hacia mal día, estaba lloviendo, así que lo del portal no era mala idea. Los portales en muchas ocasiones son los refugios de la adolescencia.

¿Podríamos sobrevivir sin ellos?

Cuando por fin llegamos, dejamos las cosas a un lado y nos sentamos en las escaleras.

El silencio del lugar se mezclaba con el eco distante de la calle.

—Oye…, ¿y qué tal llevas lo de Justin? —preguntó él, con cuidado, como si temiera romper algo frágil.

Suspiré.

—Bueno…, lo llevo —respondí; sin saber muy bien qué más decir me quedé mirando el suelo un instante antes de seguir. —¿Sabes? La primera vez que lo dejamos me costó muchísimo olvidarlo. Pensé que esta vez sería distinto, pero no… —Hice una pausa, sintiendo el nudo en la garganta—. Solo ha jugado conmigo.

—Bueno, creo que en eso de jugar con la gente lo conocemos todos —dijo James con una media sonrisa—. Pero estamos aquí tú y yo ahora. Olvídate de él, aunque sea por un momento.

—Pero es tu amigo, James… —alcancé a decir antes de que me cortara.

Me besó.

Por un instante no pensé en nada más. Le devolví la sonrisa y me lancé yo esta vez. Me sentía bien, libre, fuera de toda la mierda que rondaba por mi cabeza. Quería dejarme llevar, olvidar, aunque fuera por un rato.

Su mano se posó en mi cintura, acercándome más.

—¿Justin besa mejor o qué? —bromeó, con ese tono pícaro que solo él sabía usar.

—No —respondí riendo—. Ni de lejos.

Nos perdimos entre la oscuridad del portal, y por un momento todo pareció detenerse.

Pero entonces… algo dentro de mí se quebró. De golpe, me vino a la cabeza Justin. Las risas de sus amigos. Las humillaciones. El sticker. Todo lo que había contado Justin sobre nosotros y ahora James, él también era parte del grupo, lo contaría, no me cabe duda; sabía que sería otra burla más para ellos.

El miedo me atravesó como un rayo.

—Para —susurré, apartándome—. Para, por favor.

—¿Estás bien? ¿Qué te pasa? —preguntó James, mirándome confundido.

—Esto…, esto no está bien, James —le dije, dando un paso atrás.

—¿Qué no está bien? ¿Sentirte libre por una vez? ¿Dejar de atarte a algo que no puedes tener? Joder, Jess… —Su tono sonaba frustrado, casi dolido.

Pum.

Tenía razón. Me estaba atando a algo imposible. Pero si seguía besándolo, también sabía a qué me exponía.

Sabía cómo eran ellos.

Sabía cómo podía ser James.

Y sabía que todo acabaría siendo contado, compartido, ridiculizado.

Él no se detuvo. Volvió a besarme, esta vez con más fuerza, con más deseo.

No me gustó. No me gustó su insistencia, ni la forma en que me hablaba.

—Lo que se pierde ese gilipollas... —murmuró, refiriéndose a Justin.

Algo dentro de mí se encendió.

—James, no sé quién te crees que soy, pero no soy vuestro objeto de burla.

Lo aparté con rabia.

En ese momento entendí todo: no era deseo, era venganza.

Solo estaba intentando joder a Justin y aprovecharse del momento.

Pero no iba a seguir siendo el objetivo de nadie.

Nunca más.

—¡Jessica, espera! —escuché gritar a lo lejos.

No me giré. No quería verlo.

—¡Que te jodan, James! —fue lo único que se me ocurrió decir, con la voz temblándome entre la rabia y el dolor.

Agarré mis cosas con torpeza y empecé a caminar sin rumbo.

Cada paso pesaba.

Me sentía rota, utilizada..., vacía.

El aire frío de la noche me golpeaba la cara, pero ni siquiera eso lograba despejarme.

Solo quería desaparecer.

Olvidar su mirada, sus manos, sus palabras.

Olvidar a Justin.

Olvidar a todos.

Quizás una parte de culpa la tuve yo.

Por creer que, liándome con otro chico, Justin se iría de mi cabeza.

Pero no fue así.

Me sentí realmente mal.

Fui una mala persona, o al menos eso sentí.

No lo hice por James, ni porque quisiera estar con él.

Lo hice para olvidarme de Justin.

Para llenar un vacío que no se llenaba con nadie.

Y, al final, solo me quedé con más culpa… y con la sensación de haberme fallado a mí misma. No tenía a nadie a quien acudir.

Solo a alguien que también me había fallado.

Pero, ahora mismo, era la única persona con la que podía contar: Chars.

Decidí escribirle.

Contarle todo.

Cada detalle, sin omitir nada.

Pero sentí que solo se centró en una parte del problema.

Lo de Justin… parecía no importarle.

—Jessica, ¿cómo que te insistió? Eso no está nada bien, ¿no lo ves? —

me escribió.

Suspiré.

—Esa no es la cuestión, Chars. El problema va con Justin.

—¿Qué clase de persona puede seguir cuando dijiste que parase? —
insistió.

—Y paró, Chars. ¿Me quieres escuchar? —tecleé rápido, sintiendo que
se me nublaba la cabeza—. Mira, me sentí utilizada, ¿vale? No fue solo por
eso. Fue todo. Todo junto. Creo que no me estás entendiendo. ¡¿Es que no
lo ves tú?! —escribí con las manos temblando.

Las lágrimas empezaron a caer sin que pudiera detenerlas.

Lloraba a través de la pantalla, con la impotencia de quien intenta expli-
carse y no encuentra las palabras adecuadas.

—No pasó nada que yo no quisiera, Chars… Solo… —Me detuve un
segundo, tragando el nudo que me ahogaba—. La culpable de todo esto
fui yo. Yo no tendría que haber quedado con él. No tendría que haberme
liado con alguien solo para olvidar al dichoso Justin. —Golpeé el teclado,
frustrada. «Joder…, le quiero», susurré, aunque nadie más pudiera oírme.
Él decía que quería que me sintiera libre, que dejara todo atrás. Que me olvi-
dara de Justin. Pero ahora lo entiendo: no quería ayudarme, quería competir
con él. Y se aprovechó de la situación. Me siguió besando, sí…, pero le aparté.
Y entonces tiré toda la rabia que llevaba dentro. Le mandé a la mierda. ¿Sabes

por qué, Chars? Porque no voy a dejar de querer al mierda de tu amigo. Esa noche me rompí. La cabeza me dolía más que nunca. Los ojos me escocían de tanto llorar. Sentía que me estaba vaciando por dentro. Como si todo lo que quedaba de mí se estuviera deshaciendo entre lágrimas.

—Vente mañana y te despejas, ¿vale? Te quiero. —Fue lo último que me escribió Chars.

Dejé la conversación ahí.

No tenía sentido seguir.

No quería hablar más, ni desahogarme, ni intentar que alguien me entendiera.

Porque nadie lo hacía.

Ni siquiera yo.

Apagué el teléfono y me quedé en silencio, mirando la oscuridad de mi habitación.

El mundo seguía girando, pero yo…

Yo me sentía completamente quieta. Al día siguiente sí bajé al pabellón.

Estaban todos, incluso James.

La situación era extraña, densa, como si el aire pesara más de lo normal.

Chars, al verme llegar, me abrazó sin decir nada.

Nos quedamos un rato hablando mientras los demás descansaban en el banquillo.

Luego, nos acercamos al grupo.

Chars me acarició el hombro, dándome algo de calma.

Pero todo se congeló cuando saludé a los demás.

James se levantó del banco, con la cabeza bien alta, mirando por encima a todo el mundo…, incluso a mí.

—Hola, guapa —dijo, y sonrió.

Se relamió los labios.

Y me besó.

Delante de todos.

El tiempo se detuvo.

Mi corazón dejó de latir, mi cabeza se nubló.

Sentí mil ojos clavados en mí, observando, juzgando.

Quería vomitar. Quería irme. Quería pegarle.

Salí corriendo del pabellón, con las lágrimas nublándome la vista, sollozando, con un nudo en la garganta que no me dejaba respirar. ¿Por qué había hecho eso?

¿Por lo que le dije el otro día?

¿Porque no quise seguir?

¿Porque quería pisar a Justin… o a mí?

Joder, todo se estaba yendo a la mierda.

No sabía dónde meterme, solo quería desaparecer.

De pronto escuché mi nombre detrás de mí.

—¡Jessica, espera! —Era Justin.

—¡Déjame en paz! —grité, sin siquiera mirarlo—. Por una vez en mi vida, quiero que te vayas. ¡Quiero que me dejes sola!

—¿Por qué no me has dicho nada...? —su voz sonó rota.

—¿A qué te refieres? —pregunté, volviéndome apenas.

—A que estás con él. ¿Por qué lo ocultas?

—¿Qué? —Solté una risa vacía, incrédula—. No estoy con él, joder. ¡Que te vayas!

Justin me miró, confundido, aturdido, como si no entendiera nada.

—Jessica... —susurró, intentando tocarme el brazo.

Le aparté la mano con fuerza.

—Que te vayas. Déjame sola. Vete a reírte de mí, como haces siempre.

Él cerró los ojos, intentando contener las lágrimas.

—Déjame estar contigo —susurró.

—Vete, Justin. No quiero verte. —Mi voz tembló, pero no me detuve.

Y seguí caminando, aunque sentía que con cada paso se me rompía algo más por dentro.

Me pasé la tarde encerrada en mi habitación. Quería darme una ducha hasta que el agua borrara las lágrimas, llorar hasta no poder más, tirarme en la cama a escuchar música y ver series. Era lo único del día que aún me apetecía.

En medio de ese ruido y de mi vacío, sonó el teléfono. Mensaje de Justin:

—Jessica, tengo que hablar contigo. ¿Cómo que James te insistió ese día? ¿Por qué no me has dicho nada? Te juro que le voy a partir la cara.

Lo leí una y otra vez, sintiendo que todo me daba vueltas.

—Justin, ¿qué narices te pasa? ¿Qué dices?

Otra respuesta:

—Me lo ha contado Chars, ¿es verdad?

Madre mía. ¿Qué les pasaba a todos? ¿Por qué contaban cosas que yo no había dicho? ¿Por qué transformaban mis gestos en rumores? No entendía nada.

Lo único que se me ocurrió responder fue:

—¿Tanto te importa?

Él contestó al momento:

—Claro que me importa. Me importas mucho.

Quise creerle. Quise creer que había algo más que rabia o posesión en sus palabras. Pero no pude evitar escuchar también el subtexto: la necesidad de ponerse por encima, de protegerme a su manera.

—Él… ni nadie —escribí después—. Eres tú. No volvió a contestar.

Me quedé mirando la pantalla en silencio, con el corazón latiéndome demasiado rápido y la garganta hecha un nudo.

No sabía si sentir alivio, rabia o miedo. Solo sabía que estaba sola con mis pensamientos, con todas las palabras que había dicho flotando en el aire, sin respuesta.

Y, por primera vez en horas, me permití suspirar, dejando que la incertidumbre se asentara junto a mí en la habitación.

"Hay secretos que nunca deberían descubrirse"

Capítiulo 6

Últimas oportunidades

Pasó el tiempo.

James y yo ya no hablamos. Después de todo lo que había pasado, ya no bajaba al pabellón. Todos sabíamos que seguía enamorada de Justin. Incluso Justin lo sabía.

Un día, como cualquier otro después de nuestra última conversación, noté que no podía dejar de mirarme. Ni un solo segundo.

Mis ojos se encontraron con los suyos mientras caminaba hacia mí.

Cada paso suyo parecía llenar el espacio entre nosotros, acercándose lentamente al lugar donde estaba sentada, y sentí que me costaba respirar.

Me tiró la pelota y la cogí al vuelo. Sonreí, y él se sentó a mi lado.

Chars nos miró desde lejos, parecía algo aturdido, sin saber muy bien qué hacer con la escena que se desarrollaba frente a él.

Justin puso la mano sobre mi pierna, con suavidad, mientras sus palabras rebotaban en mi cabeza:

—¿Estás bien, Jess?

Sentí un calor extraño en el pecho. Sabía que se preocupaba por mí.

Desde el lío con James, Justin me prestaba más atención que nunca.

Le importaba, y ahora lo sabía.

Chars se acercó a nosotros y, con un gesto, le mandó lejos con la mirada.

Luego se sentó a mi lado.

Sabía que Chars no quería que me volviera a hacer daño Justin.

A veces incluso se enfadaba conmigo simplemente por tontear con él.

Y lo entendía. Me había dejado dos veces, y siempre volvía...

Chars no quería que pasara lo mismo. No quería que me rompieran el corazón otra vez.

Aunque Justin era su mejor amigo, yo también era su amiga.

Y él solo quería protegerme.

O ¿había algo más?

Pero volví con él una vez más, sin que el grupo, ni siquiera Chars, se enterara.

Lo tendríamos en secreto. No sabía cuánto tiempo duraría, y aunque intentaba convencerme de lo contrario, incluso yo sabía que esto no podía salir bien.

Chars parecía distante cuando Justin y yo nos reíamos juntos.

¿Sabría algo de lo nuestro?

Esa idea me hizo sentir un nudo en el estómago. No podía evitar preguntarme si estaba a punto de estropear todo, aunque por un momento, a su lado, todo parecía perfecto.

Un día, volviendo a aquel sitio donde solíamos estar, nos escondimos en una callecita lateral. Justin y yo nos envolvimos en un beso hasta que nuestro amigo nos pilló antes de lo previsto.

—¡Muy bien! —aplaudió—. Pues me parece muy bien. Pero luego no vengas llorando, ¿eh, Jess?

Me aparté de Justin de un salto.

—Te lo puedo explicar —dije, nerviosa.

—No hace falta que digas nada —respondió Chars—. En vez de decírmelo, coges y te lías con él.

—¿Por qué te molesta tanto? No lo entiendo.

—Yo sé por qué… —empezó Justin.

—Tú mejor cállate —le cortó Chars—. No tienes nada que hablar.

—Sí que tengo que decirlo —insistió.

—Justin… —susurré, sin saber ya cómo meterme en esa pelea.

Me quedé mirando a los dos, desconcertada. Chars me miró con una dureza que no le había visto antes.

—Chars está enamorado de ti desde el primer día que nos conocimos —dijo—. Cuando lo dejamos la primera vez me lo dijo.

—¿Qué? —Me quedé helada—. ¿Por eso te enfadas tanto conmigo cuando estoy con él? —continué—. ¿Chars…? No puedo ni pensarlo. Eres mi amigo.

Me acerqué con cuidado para tocarle la mano, pero me la apartó con brusquedad.

—No, para —dijo—. Para vosotros ya no existo. A ti porque eres un mierda, y a ti, Jess, por ocultármelo.

Entonces Chars desapareció entre los faroles del parque.

Su silueta se fue perdiendo entre la luz amarilla y el humo del frío.

—Joder, Justin…, ¿por qué no me dijiste que Chars estaba enamorado de mí? —Mi voz tembló, más de lo que quería.

Bajó la mirada.

—Porque es mi es mi mejor amigo. Y también sé que es el tuyo; no quería que cambiaran las cosas entre vosotros...

—Lo sé —susurré—. Pero tarde o temprano se iba a saber...

Me tapé los ojos, confundida, intentando contener todo lo que se me mezclaba dentro: culpa, rabia, miedo…, y algo más que no quería admitir.

—Tengo que hablar con él —dije al fin.

—Adelante —contestó Justin, dando un paso atrás—. Pero, Jess…, quiero que sepas algo antes.

—¿El qué? —pregunté, casi sin voz.

—Es mi mejor amigo, sí…, pero también sé que no quiere volver a verme contigo y va a hacer lo que sea por terminar esta relación.

Sabía que no había estado bien ocultarle todo esto a Chars. Me temblaban las manos cuando abrí el chat.

—Perdóname. Debería habértelo contado, pero estaba confundida. Tenía miedo. Sabía que te ibas a enfadar… y también sabía que tendrías tus razones. Justin me ha hecho daño, lo sé, pero no quería perderos a los dos.

Esperé. Los minutos se hicieron eternos. Cuando por fin apareció el doble check azul, sentí un nudo en el pecho.

—Jess, ¿es que no confías en mí? —escribió—. Soy tu amigo, joder.
Claro que iba a enfadarme. Justin te ha jodido mucho, y tú…, tú sigues ahí, pensando que vais a durar, que te quiere. Jessica, no te quiere. Solo busca desquiciarse con alguien, beber, fumar… No sabe querer a nadie.

Solo sabe hacer daño.

Leí el mensaje tres veces. Cada palabra me dolía un poco más.

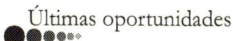

—¿Por qué dices eso, Chars?

—Porque es la verdad. Y por mucho que te duela, lo es.

Suspiré, con los ojos llenos de lágrimas.

—Creo que estás siendo un poco egoísta. Te molesta que te vea como un amigo, ¿no? Que no sienta por ti lo mismo que tú por mí. Te duele.

Pero… quiero a Justin.

Pasaron unos segundos. Vi los tres puntitos moverse, detenerse, volver a aparecer.

—Quizás me duela verte con él, y tienes razón, soy un egoísta. Pero no quiero verte sufrir.

Tragué saliva antes de responder.

—¿No quieres verme sufrir, querido Chars?

Veremos más adelante de esta historia. Decidimos olvidar lo que había pasado entre Chars y yo, como si bastara con fingir que nada había ocurrido. Yo seguiría mintiéndome con Justin, repitiéndome que podía ser mejor persona, aunque en el fondo algo me decía que no era así. Fingir se había vuelto mi nuevo refugio: sonreír cuando dolía, aparentar calma cuando por dentro todo era un caos.

A la tarde siguiente bajé a verlos un rato. Justin no vino; Chars no lo soportaba, ni siquiera podía verlo sin que se notara su enfado. Y ahí estaba yo, atrapada entre los dos, intentando que todo pareciera normal, aunque sabía que nada lo era ya.

Cuando llegué, todas las miradas del grupo se clavaron en mí. Algunos murmuraban entre ellos, otros se reían, y unos pocos parecían sorprendidos.

No entendía nada. Solo intenté mantener la calma y propuse saludarlos.

Saludé a Chars, intentando que no se notara la tensión entre nosotros. Pero antes de que pudiera decir algo más, otro chico se acercó a mí con el ceño fruncido.

—Jess…, oye. ¿James intentó hacerte daño? —preguntó en voz baja.

Lo miré, confundida.

—¿A qué te refieres? —dije, frunciendo el ceño.

—James te… —empezó a decir, pero no terminó la frase.

Entonces clavé la mirada en Chars, que fingía no escuchar, distraído con cualquier cosa. Me acerqué a él, molesta.

—Deja de jugar, Chars. —Mi voz salió más fuerte de lo que esperaba.

—¿Qué te pasa? Estás loca, te van a oír —respondió, intentando mantener la compostura.

Lo agarré del brazo, mirándolo directamente. Ya no sabía ni quién era ese chico que tenía delante.

—¿Estás contando tu versión a los demás? ¡Y ni siquiera fue así! —le espeté.

Chars apretó la mandíbula.

—Solo dije que James es un cabrón y que no tendría que haberte insistido, nada más.

—¡Pero es que no ha pasado nada de eso! —respondí, alzando la voz.

—Hice una pausa, respiré hondo y añadí, con un hilo de voz—: Mira, si todo esto lo haces por lo de ayer…, quiero que te vayas olvidando de mí.

Chars me miró unos segundos, sin decir nada. Yo solo sentía el cansancio acumulado en el pecho. Otra vez lo mismo. Otra vez ese nudo en el estómago. Estaba harta.

Sentía algo en el pecho. No era dolor, ni siquiera decepción…; era vacío.

Un hueco silencioso que me consumía por dentro, como si algo en mí se hubiese apagado sin avisar. Miraba a mi alrededor y veía a mis amigos reír, hablar, fingir normalidad…, pero todo me resultaba ajeno.

Era como si ya no perteneciera a ese lugar, como si estuviera viendo mi vida desde lejos.

Decían que la vida era bonita, que todo tenía un sentido, pero yo solo veía oscuridad.

Un gris constante que se extendía incluso en los momentos que antes me hacían sonreír. Y ahí estaba yo, intentando convencerme de que era solo un mal día, cuando en realidad era algo más profundo…, algo que ni yo sabía cómo nombrar. Vivir ya no era mi prioridad, la ansiedad me quemaba por dentro, la respiración se me cortaba y mi voz nadie la oía.

Me miré al espejo de mi habitación e intenté mantener la calma. Pero no pude sostener mi propia mirada. Era como si los ojos que me observaban no fueran los míos, como si ya no reconociera a la persona del reflejo.

Respiré hondo. Y mis ojos miraron a otra parte de mi habitación: las cuchillas. No quería rendirme, no así.

Aun así, el peso de los rumores, las historias mal contadas y las miradas ajenas me ahogaban. Sentía que todos sabían algo de mí, que mi nombre se había vuelto un eco distorsionado en bocas que ni siquiera me conocían.

Y en medio de todo, lo único que quería era desaparecer del ruido. Lo intenté. No dejaba de mirar ese reflejo de esa caja, ni de pensar en todo lo que me había pasado. Pero sabía que no era una opción tirar la toalla.

Decidí reunirme con Chars y con Justin. Teníamos que hablar, aclarar todo de una vez.

Cuando llegué, Chars frunció el ceño al ver a Justin.

—¿Qué hace él aquí? —dijo con frialdad—. Me voy.

—No —le respondí, dando un paso adelante—. Le he dicho que viniera.

No te vas. Tenemos que hablar los tres.

Chars bufó, sin mirarme.

—¿Hablar de qué? ¿De cómo fingir que todo está bien? ¿Buscas normalidad después de todo esto, Jess?

Lo miré con calma.

—No soy la más adecuada para hablar de normalidad, ¿no crees, Chars? Ahora todos saben cosas que ni siquiera yo había dicho.

Chars bajó la cabeza, sin responder.

—Está bien… —murmuró al fin—. ¿Qué queréis?

Justin dio un paso al frente, nervioso.

—Quiero disculparme —dijo—. Lo siento, tío. No tendría que habértelo ocultado. Eres mi mejor amigo. —Hizo una pausa, bajando la voz—. La quiero.

Chars soltó una carcajada amarga.

—No la quieres, tío. No digas eso.

—Chars, por favor… —intervine—. No empecemos otra vez. Yo me siento realmente mal —añadí con sinceridad—. No quiero seguir así.

Chars me miró por primera vez, y su voz bajó un tono.

—Está bien, vale. Pero no penséis que todo va a ser igual..., al menos por ahora. —Hizo una pausa, tragando saliva—. Jess, tú me gustas.

Aparté la mirada, intentando cambiar de tema, pero no pude.

—No..., no es igual para mí tampoco —susurré—. Ayer estuve tan mal..., tan perdida, que ni siquiera sabía cómo seguir. Yo no quería hacerlo...

Los dos me miraron atentamente como si no supiera de que se trataba.

Entonces enseñé la caja de cuchillas.

El silencio se hizo largo. Por primera vez en mucho tiempo los tres estábamos quietos, sin excusas, sin mentiras. Solo la verdad... y lo que quedaba de nosotros.

—¿Por qué? —preguntó Chars, mirándome desconcertado.

—Porque... —mi voz tembló.

Justin me besó. Directamente.

Chars se quedó en silencio, como si necesitara unos segundos para procesarlo.

—Estamos aquí, los tres —dijo al fin, con un tono más suave—. Jessica, no quiero volver a oírte decir eso..., que estás mal, que no puedes más.

Sentí cómo las lágrimas comenzaban a caer, una tras otra, hasta empapar mis mejillas. No las contuve.

Por primera vez en mucho tiempo me sentí escuchada. No juzgada. Solo... comprendida.

Al menos por un momento, el ruido de todo lo que me rodeaba desapareció, y lo único que quedaba era eso: la verdad, desnuda y dolorosa, pero mía. A partir de ahí, las cosas cambiaron. Justin y Chars lo arreglaron, aunque ya casi no coincidían como antes. A veces íbamos al centro comercial con Rangue y algunos de sus amigos de clase. Ya no había rumores, ni miradas raras, ni comentarios escondidos. Todo parecía en calma…, al menos por ahora.

Justin y yo estábamos bien. Supongo que bien.

Pasábamos las tardes con ellos, viendo películas, hablando de cosas tontas que nos hacían reír hasta doler la barriga. Por un momento, sentí que todo volvía a ser simple.

Entonces noté la mirada de Justin. Me observaba con deseo, y luego, con una sonrisa cómplice, señaló el baño con los ojos. Yo le devolví la sonrisa, fingiendo inocencia.

—Ahora venimos —dijo él, sonriendo de lado a lado.

Le tomé del brazo rápidamente y nos escabullimos hacia el baño. Justin me acarició la mejilla con suavidad, y tirando ligeramente de la cadena de mi cuello, me acercó más a él.

Y lo que pasó después…, bueno, eso prefiero no contarlo, mis queridos lectores.

Cuando regresamos, uno de los chicos nos miró con una sonrisa traviesa.

—Tardasteis mucho, ¿no? —bromeó, riéndose.

Sabía que no lo decía con mala intención, así que me hizo gracia. Justin y yo nos miramos y soltamos una carcajada. Por primera vez en mucho tiempo, todo parecía ligero. Ese era Tom, el chico del pelo azul, carismático y divertido sin esforzarse demasiado. Tenía esa forma de hablar que hacía que todo pareciera más fácil, más ligero. Simplemente, era él.

Luego estaba Travis. Alto, de mirada tranquila y palabras contadas. Era más tímido que el resto, pero tenía algo en su forma de escuchar que lo hacía especial, como si entendiera más de lo que decía.

Scott, en cambio, era todo lo opuesto: cabello rubio, ojos de un azul intenso y una confianza que se notaba desde lejos. Siempre tenía una broma a mano o una sonrisa lista, incluso cuando nadie más sabía por qué.

Y, por último, Mike. Pelirrojo y con pecas, siempre amable y callado.

Ahora casi todas las tardes las pasaba con ellos, con el nuevo grupo. Me sentía tranquila, a gusto, sin tener que fingir ser alguien que no era. Había encontrado mi lugar, seguro después de tanto tiempo.

Quería a Chars y al resto, pero ya nada era igual. Lo que había pasado no tenía nombre. Y con Justin… finalmente me di cuenta de que él tenía razón: Justin no era para mí. Me había hecho daño muchas veces y, lo peor, a mí no me había importado lo más mínimo.

Él había vuelto conmigo las veces que quiso, porque sabía que siempre estaría ahí, porque conocía mi lado débil…; él sabía exactamente dónde golpeaba. Pero ya no. Ahora entendía que el amor no es un juego de «tú das, yo doy». Después de tanto, comprendí que ni Justin ni Chars, ni siquiera el grupo, me merecían si no podía valorarme a mí misma primero. Una tarde en el Rangue, terminé dejándole.

Estaba con los chicos, pero lo aparté de ellos un momento. Dejé atrás todo lo que habíamos vivido…, toda nuestra historia.

Justin me miró, sorprendido, y pude notar que no le gustó ni un poco.

Y eso no te gustó, ¿verdad, Justin?

Él no respondió de inmediato. Tal vez no sabía qué decir, tal vez por primera vez entendía que ya no podía controlar nada.

Él lo entendió. Se quedó bastante tranquilo…, o al menos eso demostró delante de mí. Pero Justin, eso no era lo que más te enfadaba. Y tú lo sabes. Fue dejarle en el mismo lugar que ellos…, fue cuando todas las miradas de tus amigos se clavaron en ti, porque lo sabían.

Sé que sentiste rabia. Incluso querías vengarte de mí. Y lo hiciste. Pero eso lo contaré más adelante.

Poco después, una semana pasó sin que Justin volviera a bajar con ellos.

Ahora se iba con su mejor amigo: Chars.

Pero aquí empieza lo bueno.

Chars me escribió mientras estaba en clase:

—Ya casi nunca te vemos por aquí…

—Siento decirte que no bajaré más —respondí, con firmeza.

Había decidido poner límites. Me había cansado de que me moldearan en alguien que no era. Había llegado el momento de ser yo misma, sin excusas ni máscaras.

—¿Por qué? —escribió—. Que ahora quedas con ellos, ¿no?

Puse los ojos en blanco. No podía creer que siguiera con lo mismo.

—¿Y eso qué importa? —le respondí.

—Importa —contestó casi de inmediato.

Respiré hondo antes de volver a escribir:

—No, Chars. Creo que ya va siendo hora de decidir dónde quiero estar.

Pasaron unos segundos antes de que apareciera su respuesta.

—¿De qué hablas?

—De que no os habéis portado bien conmigo. Ninguno. —Mis dedos temblaban un poco al escribirlo—. Os habéis burlado de mí.

El «escribiendo...» apareció y desapareció varias veces antes de que por fin me contestara.

—No digas eso. Sabes que no fue así.

—Sí lo fue. —Tragué saliva.

Tardó más esta vez.

—No era mi intención —puso al fin.

—Pero lo hiciste igual. Y duele —escribí sin pensarlo—. No te imaginas cuánto.

La pantalla quedó en silencio por un momento.

—Siempre he estado ahí, esperando que alguien me mirara de verdad —tecleé por última vez—. Pero ya no más. Esta vez elijo por mí.

Apagué el móvil. El silencio se sintió más honesto que cualquier palabra.

Mi madre abrió la puerta de mi habitación justo cuando me limpiaba las lágrimas con la manga. Me miró en silencio unos segundos antes de acercarse y sentarse a mi lado.

—¿Estás bien, cariño? —preguntó con voz suave, esa que solo usaba cuando realmente se preocupaba.

Negué despacio, sin atreverme a mirarla.

—Mis amigos... Justin...

Ella asintió. Conocía a una parte del grupo, y en su momento todos le habían caído bien. Pero también sabía la otra cara de la historia: las veces que Justin había jugado conmigo, las veces que me había hecho daño.

—El amor es así, Jess —dijo, acariciándome el pelo—. A veces tienes que dejarlo ir, por mucho que quieras a alguien. Te lo digo igual que con la amistad que tenías con Chars.

—Lo sé —susurré—. Pero duele.

—Es lo correcto —respondió sin dudar.

Me abrazó con fuerza, y por un instante sentí algo que creía perdido.

Esa parte de mi madre que antes estaba siempre ahí: cercana, cálida, sin prisas.

Esa parte que el tiempo y las circunstancias habían ido apagando poco a poco.

Me quedé en silencio, apoyada en su hombro, dejando que el mundo se detuviera un momento.

Pude descansar toda la noche después de aquel día. Cuando desperté, el móvil estaba lleno de mensajes. Algunos eran del grupo: Mike, Tom, Travis y Scott.

—¿Te quieres venir? Vamos a ir al Rangue a tomar algo —escribió Scott.

Sin pensarlo demasiado, decidí que sí. Quería intentar normalizar las cosas, volver a sentirme un poco yo misma, aunque fuera por unas horas. Con ellos, las horas se pasaban volando. Hablábamos, reíamos, compartíamos historias tontas. Me lo pasaba bien, de verdad. Por primera vez en mucho tiempo sentí que podía respirar sin culpa ni dolor.

Pasaron tres semanas.

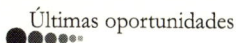

Aun así, había gente que no aceptaba mi cambio, mi forma de irme. Sabía que se morían de rabia, aunque nunca lo dirían en voz alta.

El móvil vibró y vi un mensaje de Chars:

—¿Qué tal, Jess?

—Bien… ¿qué pasa? —respondí, intentando sonar tranquila.

—Nada…, echaba de menos hablar contigo.

—Pásate por el pabellón cuando quieras, ¿vale?

Mi corazón se encogió. Sentí cada palabra como un empujón en la garganta.

—No lo haré, lo siento —tecleé.

Me dolió incluso a mí escribir eso.

—Entiendo —fue su respuesta final. Y no volvió a escribir.

O eso pensaba. Creí que se había terminado todo, que había dejado de escribirme.

Estaba sentada en la mesa, comiendo con mis padres, cuando el móvil empezó a vibrar sin parar. Un montón de mensajes llegaban al mismo tiempo, acompañados de stickers horribles que ni siquiera me atrevería a nombrar.

Pero solo me fijé en uno: Chars.

—Justin está contando todo —decía su mensaje.

Fruncí el ceño y escribí de inmediato:

—¿Qué?

—Lo que hicisteis en el baño del Rangue —respondió, seco, casi frío.

Mi corazón se aceleró y dejé el tenedor a un lado. Todo parecía girar a mi alrededor, y por un instante deseé que todo fuera solo una pesadilla de la que pudiera despertar.

—¿Y qué se supone que ha dicho? —tecleé con rapidez—. No hicimos nada.

—Pues todo lo contrario… Os lo montasteis bien —respondió Chars.

Me quedé paralizada un segundo. Luego escribí, intentando aclarar lo obvio:

—No…, en verdad solo nos tocamos, nos besamos. No pasó absolutamente nada de otro tipo.

Sentí cómo me temblaban los dedos. ¿Por qué tenía que dar explicaciones?

¿Por qué todo parecía venirse abajo encima de mí?

¿Y por qué lo dijiste, Justin?

Fuera mentira o no, era algo íntimo. Nuestro. Y ellos habían convertido una página pequeña de mi vida en un libro entero que todos podían leer.

Había escuchado tantas historias sobre mí que ya no sabía cuál era la más famosa…, pero sí sabía cuál era la menos conocida.

La verdad.

¿Y qué os pensasteis? ¿Que había pasado algo más… íntimo con Justin el día del famoso Rangue? Pues no, lectores. Os habéis equivocado. No pasó nada más.

Opinaron. Juzgaron. Pero nadie se molestó en preguntarme a mí.

¿Y por qué?

Porque ellos tenían el voto de palabra, y mi voz nunca contaba. Solo importaba la de Justin.

Me quedé unos segundos mirando la pantalla, sintiendo cómo la injusticia me quemaba por dentro. Todo lo que había pasado se había convertido en historias ajenas, en rumores. Y yo…, yo solo podía quedarme callada.

Defendiera mi palabra o no, nadie me iba a tomar en serio.

Y ahora no solo lo sabía el grupo, sino también el instituto.

Sentía que mi vida privada se había abierto como un libro que cualquiera podía leer, reescribir y juzgar. Cada palabra, cada gesto mío, se había transformado en historia ajena.

Nadie había preguntado mi versión, nadie había escuchado mi voz. Y mientras ellos opinaban, yo me sentía cada vez más pequeña, atrapada entre lo que era y lo que los demás decidían que yo era: «una zorra», así podían denominarme.

Al día siguiente tampoco pude tener un despertar tranquilo. Abrí los ojos y ahí estaban los mensajes. Bienvenida a un nuevo día de mierda.

Mensaje de James:

—Jess, ¿qué te pasa? ¿En qué momento te hice daño el día del portal?

—me preguntó.

Mi estado de alerta se encendió de inmediato.

—James no…, no había sido así, claro que no.

—Me lo dijo Chars —soltó.

Suspiré para mis adentros, aunque no necesitaba que nadie lo confirmara.

Todo estaba siendo surrealista. Me estaba quedando marcada como mentirosa...

¿Por qué me hacían esto?

El corazón me latía con fuerza mientras intentaba no dejarme arrastrar por la rabia y la impotencia.

Se os quitan las ganas de tener «amigos» ¿verdad?

—Mira, James —tecleé con los dedos temblando—, estoy en un momento en que me da igual que me creas o no. Tenía miedo. Me sentía mal de antes con estos..., y tú..., tú solo quisiste jugar a ser el mejor. Pensaba que se lo dirías a todos, igual que hizo él..., y luego..., luego me volviste a besar. Y, joder..., solo por joder al maldito Justin. Eso es lo que pasó, James. Han contado muchas cosas, ¿sabes? Y ahí ya estás tú para creértelas o no.

Unos segundos después, me respondió:

—¿Pensaste que jugaba contigo?

—Lo hiciste —tecleé rápido—. Jugaste, solo querías vencerle. Enrollándote conmigo. ¿Para qué? Para chulear. Sabías todo lo que pasaba. Todo. Eres igual de cómplice que todos.

Y con un nudo en la garganta me atreví a mirar el último mensaje.

—Vete a la mierda.

Y así fue nuestra última discusión. Porque comprobé al instante que me había bloqueado.

Me dejé caer contra la pared, respirando con dificultad. El móvil seguía en mis manos, pero ya no importaba. Había dicho lo que sentía. Había terminado esa conversación.

Pero todo podía ser peor.

Empezaron a meterme en grupos enviando el sticker que me hicieron. En los grupos había mucha gente que ni siquiera conocía. Una puta. Así podrían resumirse todos los comentarios que leía. Pero no se quedaban ahí... No, Chars..., había que explicar también la mentira sobre James, y la maravillosa aventura en el baño con Justin...

Era una tortura todo. Y todo por ti, Justin. Por enamorarme de alguien a quien, a día de hoy, no le importaba lo más mínimo. No importaban mis sentimientos, ni mi opinión, ni todo lo que yo sentía en silencio.

Gracias, Justin.

Y si yo no te hubiera dicho nada esa mañana..., esa maldita mañana..., nada de esto habría pasado. Nada.

—Tranquila, vale... Se arreglará —dijo mi madre acariciándome el pelo.

Al día siguiente ella habló con mis profesores.

—Jess, ¿puedes salir un momento?

—Sí. Voy.

—Jess, ¿por qué has hecho eso?

—No lo sé... —pero claro que lo sabía. Estaba harta, harta de tener que fingir que estaba bien por un par de imbéciles que me estaban jodiendo la vida...

Lo conté todo, o parte. No paraba de llorar, contándole todo lo que había pasado.

—Jess... Va a venir la orientadora mañana. ¿Te apetece hablar con ella?

Te va a ayudar.

—No, no necesito ningún psicólogo.

—Jess, autolesionarte no es una buena opción, inténtalo. No pierdes nada... Solo te pierdes la clase — dijo en plan irónico.

—Vale...

Por la tarde, cuando salí del colegio para irme a casa, me llegó un mensaje; un mensaje de un chico que no conocía de nada.

—Tranquila, se arreglará, te lo prometo —dijo mi madre.

No era tan fácil arreglar esto. No sabía cuánto iba a durar, pero cada día era una tortura.

El móvil no dejaba de vibrar con mensajes de un número desconocido:

—Oye, hola, eres Jessica, ¿no?

—Sí, soy yo. ¿Quién eres?

—Oí que hiciste cosas con Justin... ¿Por qué no me lo haces a mí también? —Venía acompañado de emoticonos sonrientes.

Lo bloqueé de inmediato y lancé el móvil al suelo.

Al día siguiente, mi madre decidió que íbamos a la comisaría. Ella no descansaba, no iba al trabajo tranquila, y todo por mí.

Hablé con algunos agentes, pero nada se solucionaba. Nada.

La sensación de que todos me miraban se volvió insoportable; gente que no conocía murmuraba por la calle. Y, de pronto, un grito me hizo estremecer... Sabía que era para mí.

—¡Ey, Jessica! ¡No me denuncies!

Y allí, junto a ese desconocido..., estaba Justin. Se reían. Yo seguí mi camino como si nada, como si no pasara nada, como si fueran fantasmas. Al menos eso intentaba. Pero no podía. Cada palabra, cada mirada, me hacía sentir pequeña, atrapada en un caos que no podía controlar.

Sabía que los agentes habían ido a su instituto y hablado con ellos, uno a uno, intentando calmar las cosas…, pero nada parecía cambiar.

Para ellos, yo era la loca, la mentirosa, la que provocaba problemas. Y aunque intentaba ignorarlo, cada gesto, cada murmullo, me recordaba que estaba sola en medio de todo esto. Entonces lo escuché.

Escuché los susurros…, escuché a Mike nombrar a Justin.

Solo faltó una palabra más para hundirme del todo.

—Justin ha dicho en clase que si desaparece Jess, todo estaría mejor.

Por un momento sentí que el aire se escapaba de mis pulmones. El ruido a mi alrededor se volvió lejano, como si el mundo se apagara poco a poco.

—Yo escuché hoy que solo quiere llamar la atención —dijo Scott—. Tío, es muy desagradable lo que le están haciendo.

Sus voces se mezclaban, pero ya no podía entender nada. Solo ese eco en mi cabeza: «Si desaparece, todo estaría mejor».

Mis piernas temblaron. Me caí al suelo. No sabía si estaba mareada o si simplemente me faltaba el aire. Miré mis manos temblando, el corazón golpeando tan fuerte que dolía.

No entendía cómo algo tan pequeño, unas palabras dichas con tanta facilidad, podían destruir tanto. —Estamos aquí. Nos tienes a nosotros. Son unos capullos. ¿Por qué no hacemos algo diferente algo para desconectar

—dijo Mike

Y así fue, fuimos a la fábrica abandonada. Las fotos podían ser guais, y estos sitios tienen su encanto.

—Jess, ¿subimos? —Señaló Scott la fábrica.

—Ni de coña, ja, ja, ja. ¡Nos vamos a caer!

—Tío, a mí me da miedo —comentó Ronald.

—Venga, ja, ja, ja. Si no hay nadie…

Tom cogió un palo y empezó a moverlo como si estuviera en la película de Star Wars, solo para hacerme reír.

—¿Qué haces, Tom? —Carcajeé.

—Por si las moscas. No hay nadie aquí, pero por si acaso.

—Parece que no soy la única que está asustada.

Al final entramos. Ronald me pegó un susto de muerte. Saltaba sobre unas escaleras, que estaban a punto de caerse.

—¡Ronald! ¡Deja de saltar, coño!

—Que no pasa nada, miedosa. Está todo controlado.

—Sí, lo está hasta que te mates.

Pasaron los días, todo iba mejorando, me sentía mucho mejor, aunque algunas veces me venían recuerdos… Y algunas veces me llegaban algunos mensajes. Terminó mi amistad con él. Terminó mi amistad con todos.

Parecía que, por fin, no tenía que estar en alerta las veinticuatro horas del día.

Cada vez los mensajes eran menos, hasta que un día simplemente dejaron de llegar.

Había borrado a todos ellos de mis redes, y esta vez estaba rodeada de la gente que realmente me quería.

Pasó un mes desde todo aquello, y poco a poco empecé a sentirme mejor.

El apetito volvió, las ganas de reír también.

Me descubrí disfrutando del verano con los chicos, dejándome llevar por momentos simples, por risas reales.

Por primera vez en mucho tiempo, sentía que me lo merecía.

Seis meses después...

"Ese fue el momento en que todo se rompió"

Capítiulo 7

Un gran vacío

Y, bueno…, esta historia no termina aquí.

¿Qué pudo haber pasado?

¿Por qué no reaccioné?

¿Por qué todo volvió a irse a la mierda de la noche a la mañana, justo cuando parecía que todo estaba bien?

¿Por qué me quedé paralizada?

¿Por qué no podía moverme?

Mi cuerpo estaba ahí, pero mi mente… se había quedado en otro lugar

Intentaba gritar, pero no salía ningún sonido.

Intentaba reaccionar, pero nada respondía.

Solo el miedo…, frío, seco, recorriéndome entera.

Y entonces entendí que a veces no se trata de no querer moverse, sino de no poder.

Porque hay momentos que te rompen de una forma que ni siquiera el cuerpo sabe cómo soportar.

Quédate, Jackson.

Porque este capítulo es por ti.

Estaba en mi habitación, escuchando música mientras pintaba. La música siempre conseguía despertarme la creatividad, hacerme perder la noción del tiempo. Eran las doce y media del mediodía cuando escuché el sonido del móvil. Lo tomé casi sin pensarlo, curiosa por saber quién me escribía. Al mirar la pantalla, vi que no era un mensaje, sino una solicitud de amistad. «Jackson», decía el nombre.

Fruncí el ceño. Abrí su perfil y me puse a revisar sus fotos, sus publicaciones… Teníamos varias personas en común, pero aun así no lograba recordar de dónde podía conocerlo. Era como si su nombre me sonara familiar, pero su cara no encajara en ningún recuerdo.

Mensaje de Jackson:

—Hola, eres Jess, ¿verdad?

Fruncí el ceño. Dudé un momento antes de contestar.

—Emm… sí, soy yo. ¿Eres?—escribí al fin.

Tardó unos segundos en responder, y en ese silencio me dio tiempo a imaginar mil posibilidades.

—Soy Jackson. Siento hablarte así, de la nada. Es que… oí todo lo que pasó y, bueno…, lo estarás pasando mal.

Me quedé mirando esas palabras más de lo necesario. No sabía si agradecerle o bloquearlo. Últimamente todos «oían lo que había pasado». Todos parecían saberlo todo, menos cómo hablar conmigo sin lastimarme.

—Ah…, sí. Supongo que ya todos se enteraron —le respondí, sin saber muy bien por qué.

—Sí —contestó—. Pero yo solo quería saber si estás bien.

Esa pregunta me desarmó. Era tan simple… y a la vez tan extraña. Nadie me la había hecho de verdad, sin curiosidad ni morbo.

—No. No estoy bien —escribí finalmente.

Pasó un minuto, quizá dos. Pensé que no respondería. Pero lo hizo.

—Entonces déjame escucharte. No tienes que pasar por esto sola. No mereces esto, eres guapísima… y buena —me escribió.

Me quedé mirando el mensaje unos segundos.

—Eso dicen, ¿no? —respondí, con un poco de ironía—. Mira, si me hablaste solo para reírte de mí con ellos, mejor cortamos la conversación.

No sabes nada de mí.

—Por eso quiero conocerte —respondió rápido—. Que sepa quiénes son no significa que vaya a hacerte lo mismo.

Sus palabras me descolocaron. Había algo en ellas…, no sé, sonaban sinceras. Me tranquilizaban, aunque todavía no sabía si confiar o no. No podía saber si de verdad quería escucharme… o si solo buscaba coquetear un poco.

Quizás lo de coquetear no era tan mala idea, pensé. Al fin y al cabo, ahora todos hablaban así, detrás de una pantalla, escondidos entre mensajes que podían ser cualquier cosa: una broma, o el comienzo de algo inesperado.

—Bueno. ¿Y de que conoces a Justin?

—Antes me juntaba con él, pero nos dejamos de hablar.

Una larga historia.

Mucha gente conoce a Justin, este no es un lugar tan grande y todos tenemos la misma edad… Al final nos conocemos todos…

Nos quedamos hablando casi toda la mañana, la habitación se quedó sin recoger. Al poco de un rato Jackson me propuso quedar.

Mi cabeza me decía que era un poco rápido. Pero me apetecía y quería saber si en persona era tan agradable como estaba demostrando.

—¿A las 17:00 te viene bien?

—Sí, claro. ¿Dónde? —contesté.

—¿Donde la estación? ¿El parque de allí te viene bien?

La estación me traía muchos recuerdos; allí quedamos James y yo la primera vez…, pero tampoco quedan tantos sitios en este lugar, todo me va a recordar a algo.

—Vale, perfecto.

¡Ya eran las 16:49! Estaba un poquito nerviosa, cogí las llaves y me fui, no quería llegar tarde. Cuando llegué, lo vi apoyado en un árbol, esperándome. Era más alto de lo que imaginaba. Tenía el pelo castaño sobre y sus ojos…, no sé, había algo en ellos, parecían apagados. En una mano sostenía un cigarrillo que apenas se consumía.

—¡Ey! Eres Jackson, ¿no? —pregunté intentando sonar natural.

—El mismo —respondió, y clavó su mirada en la mía—. Vaya, Jess…, tus ojos son bonitos.

—Gracias…, supongo —murmuré, sin saber muy bien qué hacer con el cumplido.

—Eeeeh…, bueno, ¿qué tal todo? —dijo rascándose la cabeza, intentando disimular su torpeza.

—Pues podría estar peor. Intento arreglar todo lo que rompo —ironicé, riendo un poco.

El comentario le hizo gracia; sonrió por primera vez.

—Son unos capullos —dijo al final, con una firmeza que me sorprendió.

—¿Por eso me preguntaste si me llevaba con él?

—Es una larga historia, la ha cagado mucho.

—No, no era por eso… Bueno, sí.

En realidad no quería decirle nada por si estaban compinchados.

—Justin es un cabrón. No se merecía estar contigo. Es un mierda. Tuve muchas movidas con él —dijo, como todos me advirtieron.

Vaya. ¿Y de ti me podría fiar, Jackson? ¿Te podría creer? ¿Debería creer cada palabra que me decías?

—Bueno, no quiero nombrarle más. ¿Y tú? ¿Estás con alguien o algo?

—respondí mientras dábamos una vuelta.

—Se podría decir que sí, pero dejé de sentir cosas por ella desde hace mucho tiempo.

—Habladlo entonces, es lo mejor.

—No sé. Voy a esperar, Jess. No estoy preparado para decírselo todavía. Llevamos un año. Y, bueno, es mejor a veces la mentira para no hacer daño, ¿no crees?

—A veces también es mejor ser sincero.

—Pues mira, en este momento solo tengo ojos para ti, fíjate. —Dio una calada a un canuto y echó el humo mientras me dedicaba una sonrisa.

Odiaba estas cosas y no nos conocíamos de nada. Tampoco soportaba que una persona fumara.

—Ah, ¿sí? ¿Y eso? —contesté soltando una carcajada.

Será por el cigarro. Se pasó la lengua por la parte exterior del labio y me miró de arriba a abajo.

Sonreí torcidamente.

Era muy raro todo esto.

Pero me atraía. No entendía por qué. A mí nunca me ha llamado la atención el típico chico con chupa de cuero negra fumándose un canuto, lo odiaba.

Nos sentamos en el bordillo de una calle, no pasaba gente, solo estábamos nosotros. Me dijo que le gustaba escribir y que le apasionaban las matemáticas.

Dios…, ¿a quién podría apasionarle las mates?, pensé, intentando no reírme.

Hablaba con tranquilidad. Jugaba con el cigarrillo entre los dedos, mirando al suelo de vez en cuando, como si buscara las palabras correctas.

Y entonces, de repente, lo soltó:

—Mira, sé que es raro, sé que es incómodo y sé que ni siquiera me conoces —dijo, mirándome fijamente—, pero aquí no estamos para perder el tiempo. ¿Te puedo besar?

Me quedé en blanco.

—Jackson, ¿qué? —Reí, más por sorpresa que por otra cosa.

Él se encogió de hombros, con una sonrisa torpe.

—Si no quieres, no, ¿eh?

—Tienes novia…, no deberíamos… —murmuré, aunque mi voz sonó menos firme de lo que esperaba.

Él me miró sin decir nada. Y supongo que fue eso, ese silencio, lo que me pilló desprevenida. Porque, al final, las cosas no siempre se piensan. A veces simplemente… suceden

Sí, me besó.

Quedé atrapada en un beso frenético y apasionado. Me quedó una mezcla de ese cigarro con chicle de menta.

Sentí un nudo de mariposas en la tripa, todo pasó tan rápido que no supe reaccionar. Seguí besándole, me dejé llevar.

¿Cómo podía gustarme tanto si no tenía nada que ver con lo que me gusta en un chico?

Solo me dejé llevar.

Dejé atrás lo que dolía, las voces que me juzgaban, incluso la mía.

¿A quién le iba a importar lo que hiciera? Nadie estaba en mi lugar.

Quizá tenía razón. No lo conocía, apenas sabía nada de él.

Solo sabía que existía, porque conocía a los que también lo conocían.

Y, aun así, ahí estaba, frente a mí, haciéndome olvidar por un momento todo lo que me había roto.

Entonces recordé la frase del principio de Jackson: «Qué sepa quiénes son no significa que yo te vaya a hacer lo mismo».

A estas alturas ¿qué podía ser peor?

Se hacía tarde. Yo tenía que irme. Él se ofreció a acompañarme a casa y sugirió que nos viéramos el día siguiente.

Cuando llegué a casa me puse a leer, pero sólo podía pensar en lo que acababa de pasar. Solo yo sabía que me había ilusionado. Esa sensación de estar feliz todo el día, de sonreír a la pantalla, hasta al libro le estaba sonriendo.

Hacía mucho que no me sentía tan bien.

Mi madre estaba haciendo la cena y me puse a ayudarla. También hacía tiempo que no lo hacía espontáneamente.

Al acostarme tenía un mensaje de Jack.

—Hola, guapa: mañana, ¿nos vemos por la mañana?

—Vale. ¿Sobre qué hora?

—¿Once?

—Perfecto, Jack, pues nos vemos.

Al día siguiente.

Me levanté a las nueve para prepararme, no hizo falta despertador. Me puse un top blanco y unos shorts.

Quedé con él en el bulevar, al lado de mi casa.

Era una calle con muchos árboles, muy colorida; me gustaba mucho en esta época del año.

Nos fuimos a un parque por donde no pasaba mucha gente. Nos quedamos hablando de chorradas, de relaciones pasadas que aún dejaban eco.

Los minutos pasaban sin que me diera cuenta.

Entre risas y silencios incómodos, sentí algo que hacía mucho no sentía: calma.

Era raro, casi absurdo, pero por primera vez en mucho tiempo no estaba pensando en todo lo que había salido mal…, solo en nosotros y en cómo la mañana parecía detenerse alrededor. Pero entonces él se sentó en una valla y me puse encima de él, y nos besamos.

Me gustaba mucho cómo me besaba.

De repente bajó las manos a mi culo y me levantó hasta ponerme de pie

—Jack, no he hecho esto nunca. —Y es verdad: nunca había ido mas allá con Justin.

—Bueno, ¿confías en mí?

—Bueno…

—¿Todo bien? —preguntó.

—Sí, sí, todo bien.

Me enredé en él, en su cuerpo, dejando que todo lo demás desapareciera por un momento. Era hora de irme a casa. Tenía que ponerme a estudiar, aunque no quería dejar atrás aquel rato con Jackson.

—Oye, Jess, antes de que te vayas… Voy a dejarla por ti.

—¿Por mí? —pregunté muy confundida.

—Sí. Porque me gustas.

—Pero, Jack, ella…

—Shh, no hables. —Me besó—. Adiós, Jess.

¿Adiós? Recorrió toda la calle arriba y desapareció entre la gente.

Con que te gustaba, ¿no, Jack?

Después de pasar casi todo el día fuera, por fin llegué a casa.

Solté el bolso sobre el sofá y me dejé caer, agotada.

Entonces, mi móvil sonó.

Miré la pantalla… Era él.

—¿Repetimos? —decía el mensaje.

No pude evitar sonreír de par en par.

—Quizás... —contesté, dejando que la palabra se deslizara entre mis labios con una sonrisa contenida.

Finalmente, pasó una semana desde aquella tarde con el famoso Jackson. Cada día lo recordaba sin querer, mientras caminaba por la ciudad con Tom, Travis y Ronald. Los tres eran tan graciosos que era imposible no reírse con ellos; hacían que cualquier paseo se sintiera ligero, casi como una aventura.

Aun así, miré el móvil varias veces…, por si acaso él había escrito. Pero no había ni un solo mensaje. Nada.

—Oye, Jess, ¿estás bien? —preguntó Travis, inclinándose un poco hacia mí.

—Sí, sí... Solo estoy distraída —respondí con una sonrisa rápida.

Ronald soltó una carcajada.

—Hablas con alguien, ¿eh?

—¡No! Bueno…, sí —admití, riéndome también.

Tom alzó una ceja con curiosidad.

—No nos has contado nada. ¿Quién es?

—No creo que lo conozcáis. —Reí, tratando de disimular el rubor que me subía a las mejillas.

—Venga, ¿quién es? —preguntó Ronald, acercándose demasiado. Antes de que pudiera reaccionar, me quitó el móvil de las manos con una sonrisa traviesa.

—¡Ronald, devuélvemelo! —protesté, intentando alcanzarlo.

Pero entonces su sonrisa se desvaneció. Me devolvió el móvil despacio, con el ceño fruncido, como si intentara entender algo que yo aún no sabía.

—¿Qué pasa? —pregunté, sintiendo cómo se me encogía el estómago.

—Es Jackson, ¿no? —dijo en voz baja.

—Sí…, ¿qué pasa con él? —respondí, confundida.

Travis miró a Ronald, buscando confirmación.

—¿Jack? ¿Jackson, el de clase?

Ronald asintió.

—Sí.

—Oye, ¿no me vais a decir qué pasa? —insistí, con un nudo en la garganta.

Ronald me miró serio, y por primera vez no hubo rastro de burla en su voz.

—Ten cuidado, Jess. No es lo que parece.

—Jess…, siempre está fumado en el instituto.

Lo miré sin entender.

—¿Y qué? Eso no significa nada.

Travis negó con la cabeza.

—No solo eso. Pegó a un chaval el año pasado, ¿te acuerdas, Ronald?

—Sí —respondió él con voz grave—. Y se fue a medio año, no terminó las clases. Parecía tener muchas movidas

Me quedé en silencio, mirando el móvil que aún temblaba en mis manos. La foto de perfil de Jackson seguía ahí, sonriéndome, como si nada de lo que decían pudiera ser cierto.

—Creo que estáis yendo demasiado lejos —dije al fin, cruzándome de brazos—. Chicos, todo el mundo hace esas cosas…, sobre todo ahora.

Ellos se miraron entre sí y negaron con la cabeza.
Ronald dio un paso hacia mí y me puso una mano en el hombro.

—No digo que no vayas con él —susurró con calma—. Solo digo que vayas con cuidado.

Su mirada era sincera, casi protectora. Luego me dedicó una pequeña sonrisa.

—Te quiero, Jess.

Sentí un nudo en la garganta. Sonreí de vuelta, intentando restarle importancia, pero por dentro algo se removía. Y qué casualidad verte ese mismo día, Jack.

Habíamos ido los chicos y yo a una pista de baloncesto a jugar un rato. El sol caía, pintando el cielo de tonos anaranjados, y las risas de Travis y Ronald llenaban el aire.

Entonces le vi con aquella chica.

Me mentiste.

Y, cómo no…, entrasteis los dos al parque que había al lado, te sentaste en el banco y ella se sentó encima de ti.

Me quedé en blanco.

Seguí jugando y seguí con lo mío a pesar de lo molesta que estaba con la situación y las ganas que tenía de ir a decirte algo. ¿Y todo lo que me dijiste, Jack?

Mensajes:

—Jack, me has mentido. Joder, qué tonta he sido. Que la ibas a dejar ¿no? ¿Sabes?, será mejor no hablar más —escribí.

—Jess, no. No es mi novia.

—Ah, encima no es tu novia —contesté molesta—. No hace falta que digas nada. Vete a la mierda.

Le bloqueé, estaba enfadada, frustrada. Pero ¿qué me creía yo?

No… tú no querías hacerme lo mismo que ellos.

Querías hacer algo peor.

Jackson nunca había sido mi tipo.

Ni su forma de hablar ni su manera de mirar el mundo, ni siquiera su sonrisa torcida que todos parecían admirar. Y, aun así, había algo en él…, una curiosidad extraña, casi peligrosa, que me atraía sin querer.

Durante un tiempo pensé que esa curiosidad era algo llamativo, algo nuevo.

Pero me equivoqué.

Fue todo lo contrario.

Una mañana, mientras caminaba cerca de mi casa, me lo encontré de frente.

Era un amigo del cole, iba con Jackson al lado.

«¿Eh? —murmuré sin poder evitarlo—. ¿Cómo puede este chaval juntarse con Jackson...?».

Él me saludó con una sonrisa, como si nada fuera extraño

El mundo es tan pequeño... Demasiado, a veces.

«Universo, ¿qué he hecho mal? —pensé».

—Jess...

—Jack.

—Lo siento. —Levantó mi barbilla suavemente. Me hizo mirarle. En ese momento la rabia me desapareció.

Al fin y acabo, no éramos nada, no podía ponerme así.

—Entiendo que me mandaras a la mierda —dijo él, clavando su mirada en mi.

No supe qué contestar al principio. Lo observé, con esa tristeza que solo se siente cuando alguien te duele y, aun así, no puedes odiarlo del todo.

—Sí —respondí al fin—. Pero no tenía derecho a enfadarme. Ni siquiera somos nada. —Tragué saliva, intentando que la voz no me temblara—. Me llegaste a gustar, y yo pensé...

No me dejó terminar.

—Lo siento, de verdad, Jessica —interrumpió, y por un segundo pareció más cansado que arrepentido—. Solo intentaba desahogarme. Lo dejé con mi novia, no supe qué hacer y... me lie con otra.

Sus palabras me golpearon como un puñetazo.

—Vi cómo os besabais —dije, apenas en un hilo de voz.

Él se pasó las manos por el pelo, desesperado.

—Tienes razón, Jessica. La cagué. Pero lo necesitaba, joder. Soy un idiota… Claro que me gustas.

Me quedé en silencio. Quise decir algo que lo hiriera, pero solo sentí un nudo en el pecho.

—Podemos hablarlo —añadió, con voz más baja—. En mi casa, más tranquilamente.

¿Quién eras, Jack?, ¿Quién eras en realidad?

Quería arreglar las cosas contigo, ¿pero era buena idea ir? ¿Y si no hubiera ido?

—A las cinco, en mi casa. Te espero —dijo con voz baja, casi un susurro. Antes de que pudiera reaccionar, se inclinó y me dio un beso inesperado en la frente. Fue un gesto tan suave, tan fuera de lugar, que por un instante olvidé todo lo que había pasado.

Sacó su móvil del bolsillo y tecleó algo sin mirarme.

—Ahí tienes mi dirección —dijo.

Un segundo después, mi teléfono vibró en la mano.

—Esta tarde te lo vas a pasar bien. Quiero que nos lo pasemos lo mejor posible.

—Yo también, Jack, luego nos vemos.

Eran casi las cinco de la tarde y los nervios me tenían atrapada. Yo, en cambio, seguía frente al armario, perdida entre montones de ropa que no parecía servirme para nada.

Abrí cajones, revolví la ropa, pero nada me convencía. Todo me quedaba mal, o al menos así lo sentía.

—Bienvenida al mundo de la inseguridad, Jessica —murmuré para mí misma con una sonrisa amarga.

Entonces una prenda que destacaba entre el desorden: una camiseta blanca ajustada. Era de mi madre. Al lado, encontré unos vaqueros de campana color azul. No era lo que había imaginado ponerme, pero había algo en ese conjunto que me hizo detenerme.

Me vestí despacio. Luego solté mi cabello, lo alisé con cuidado y dejé que cayera sobre mis hombros.

Por un instante, me sentí diferente. Me sentí yo.

Miré el reloj.

—¡Mierda! —exclamé en voz baja—. ¡Dios, la hora!

Agarré las llaves y el bolso casi al mismo tiempo, metí los cascos dentro y salí de casa a toda prisa. El aire fresco me golpeó el rostro, recordándome que no podía perder el bus.

Subí justo cuando las puertas estaban a punto de cerrarse. Me acomodé en el asiento del fondo, con el corazón acelerado, y me puse los auriculares.

Necesitaba música.

Empezó a sonar Stuck With U, de Ariana Grande. Esa canción siempre me calmaba un poco, aunque hoy ni siquiera sabía por qué me sentía tan nerviosa.

¿O sí?

Saqué el móvil del bolso y abrí el chat de Jackson; intenté disimular la sonrisa que se me escapaba cada vez que leía su nombre. Abrí la dirección

que me había mandado y dejé que el mapa me guiara, con el pulso latiendo al ritmo de la música.

Al bajarme en la parada me costó encontrar su casa.

Sabía que el lugar quedaba detrás del centro comercial, donde solía pasar las tardes con Justin y los chicos.

Pero nunca había pasado por esas calles casi vacías y silenciosas, llena de casas bajas y jardines preciosos. Era extraño, pero esa tranquilidad que transmita me ayudó a calmarme. Por un momento, el nerviosismo desapareció por completo.

Y entonces lo vi.

Jackson estaba allí, de pie frente a una puerta color madera, esperándome.

—Son bonitas, ¿eh? —dijo, con una sonrisa ladeada.

—Guau... sí, lo son. Nunca había pasado por aquí —respondí, todavía observando las fachadas y el cielo azul sobre nosotros.

Él asintió, sin dejar de mirarme, y luego abrió la puerta.

—Ven, pasa.

Me invitó a entrar y, de repente, el corazón se me aceleró de nuevo. Sentí que iba a salirse del pecho. Me quedé mirando el interior. Todo era antiguo, pero tenía un encanto especial. Las fotos enmarcadas llamaron mi atención: aparecía Jackson de pequeño, con esa sonrisa que ahora reconocía tan bien.

—Vamos a mi habitación —dijo de repente.

Nos sentamos los dos en la cama, y por un momento hubo un silencio incómodo.

—Tenías razón... Mejor ser sincero —empezó.

Por un instante, mi mente pensó en su novia y me pregunté cómo se lo habría tomado.

—Lo siento, Jessica… No tenías que haber visto el beso con la otra chica. No debería haberlo hecho. — Sus palabras me erizaron la piel y un nudo se me formó en la garganta.

Tenías razón: mejor ser sincero.

Aparté la mirada.

—Ya da igual —susurré, intentando que no se notara mucho el disgusto.

De repente, me cogió suavemente la barbilla y tocó mis labios con la punta de sus dedos, dibujando círculos.

—¿Y si nos dejamos llevar, Jess? —preguntó con esa voz que sabía mezclar ternura y desafío.

Lo hice. Me dejé llevar. Besé sus labios y él rodeó mi cintura, acercándome a él. Besó mi piel, pero mientras lo hacía, todo se me revolvió por dentro.

Una parte de mí volvió a recordar todo lo que había pasado, todo lo que habían hecho para fallarme antes…

Ahora tú eres el protagonista de este capítulo. ¿Por qué seguiste, Jackson?

—Tengo que irme —dije en voz baja—. Mi madre me está llamando.

—Venga, Jess —respondió él, acercándose—. ¿Por qué no dejas atrás tu pasado de una vez?

—Porque mi pasado siempre vuelve —susurré.

Él intentó acercarse más. Su voz se volvió más suave, casi un susurro.

—No le temas…

Me quedé quieta. De repente, el ambiente cambió.

Su tono, su mirada…, algo ya no estaba bien.

—Déjate llevar, Jessica —dijo, y un escalofrío me recorrió el cuerpo.

Besó mi cuello y me quitó la parte de arriba.

Cerré los ojos, intentando calmarme, pero todo dentro de mí gritaba que tenía que salir corriendo.

—Jackson, tengo que irme, en serio —intenté decir, pero él no pareció escucharme.

Sentí su mano sujetando mis muñecas, más fuerte de lo normal.

—Para —susurré, esta vez con la voz temblando—. No me estás escuchando. No estoy segura de esto.

Mi cuerpo se quedó inmóvil, como si hubiera olvidado cómo reaccionar. Todo dentro de mí quería huir, pero no podía. El miedo me congeló.

¿Por qué no podía hacer nada? Él seguía insistiendo, acercándose demasiado.

—¿Por qué no te dejas, Jess? —dijo con frustración—. Relájate…

Intenté empujarlo.

—Jackson, para… —exclamé; mi voz temblaba.

Se levantó y yo rápidamente lo hice también.

—Oye, ¿te puedo sacar unas fotos? —comentó, tratando de sonar vacilante.

—¡¿Qué?! —le grité. Me aparté de él como pude y volví a cubrirme con mi camiseta.

Él sujetó mi mano.

—Lo haré más despacio.

Tiró mi camiseta a un lado, me dejó caer de nuevo sobre la cama, agotada y confundida.

Mi mente se debatía entre resistirme y rendirse, entre lo que quería y lo que sentía que ya no podía controlar. Eso querías, ¿no, Jackson? —susurré para mí misma, con una mezcla de rabia y resignación—. Pues lo conseguiste.

Me senté en la cama, sin poder dejar de pensar en lo que había pasado. La culpa me golpeó: por no haberme ido antes, por no haber dicho nada, por haberme quedado callada.

Me sentí vacía..., completamente sola.

Por un instante, creí que mi vida ya no tenía sentido. Así que me levanté, respiré hondo y me marché, dejando atrás no solo aquella habitación, sino una parte de mí que ya no podía seguir ignorando.

El cielo se empezó a teñir de gris, las nubes estaban sonando cada vez más fuerte hasta que empezó a llover, las gotas cayeron sobre mí, pero me daba absolutamente igual mojarme. Ya me daba absolutamente igual todo. No podía creer lo que había pasado al salir por esa puerta, por esa maldita puerta.

Solo quería llorar..., llegar a casa e intentar entender por qué. ¿Por qué hiciste lo que hiciste, Jack?

Al salir, me senté en un banco y miré hacia la nada. Los faros parecían difuminarse, igual que mis pensamientos.

Saqué los cascos del bolso; al menos ellos servían para desahogarme. Podía llorar durante horas y no iban a juzgarme, no iban a hacerme preguntas, ni a intentar entenderme.

Entre cada nota de Start Again, de OneRepublic, sentía cómo el peso en mi pecho se hacía más soportable, aunque fuera por un instante. Allí, sola, con los ojos llenos de lágrimas y la cabeza llena de ruido, me di cuenta de que a veces el silencio duele más que cualquier palabra.

Al llegar a casa, por fin escuché las voces de mis padres discutiendo. Ya ni siquiera me sorprendía. Era evidente que, en los últimos meses, las cosas entre ellos no iban bien…, y yo tampoco ayudaba mucho a mejorar la situación.

Entré en silencio a mi habitación y cerré la puerta despacio.

Me senté en el escritorio y abrí el diario. Necesitaba escribir, sacar todo lo que me estaba ahogando por dentro.

Las palabras salieron solas, mezcladas con lágrimas, rabia y cansancio.

Cuando terminé, leí lo que había escrito… y lo rompí.

No quería recordarlo. No quería sentirlo más.

Encendí una vela y dejé que las hojas se consumieran poco a poco, viendo cómo las llamas se llevaban cada palabra.

Quería olvidar. Quería dejar todo atrás, costara lo que costara.

"Algo estaba cambiando aunque nadie supiera el que"

Capítiulo 8

Olvidando

Empezaba el nuevo año. Sentía como si al quemar aquellas hojas hubiese arrojado al fuego una parte de mí, un peso que llevaba demasiado tiempo oprimiéndome el pecho. Sin embargo, aunque las llamas se llevaron mis recuerdos, no pudieron borrar la herida.

Algo dentro de mí seguía sin curarse. Era una cicatriz invisible, difícil de llevar, imposible de olvidar.

Ya no podía ser la que era antes.

Dolía. Dolía más de lo que podía admitir.

Decidí salir un rato para despejarme. Decidí ir a la biblioteca que quedaba al lado de mi casa. Necesitaba salir, respirar, dejar que el silencio de ese lugar me ayudara a ordenar mis pensamientos.

Llevé mis apuntes conmigo.

Las horas pasaron sin que me diera cuenta. El reloj marcaba las nueve de la noche cuando levanté la vista. Afuera, la ciudad se oscureció y yo seguía rodeada de libros y apuntes, con una sola idea fija: tenía que aprobar ese examen.

No solo por obligación…, sino porque necesitaba demostrarme que todavía podía hacerlo. Que, a pesar de todo, seguía siendo capaz de avanzar. Pero todo estaba en mi cabeza… Creía que me estaba volviendo loca. Si estaba en mi cabeza, podría estar ahí toda la vida.

Intentaba dormir, pero no pude. Al cerrar los ojos lo notaba a cada segundo encima de mí; y si me dormía, él salía en mis sueños.

Al día siguiente, me desperté, tenía que ir a clase, no me apetecía mucho ir, pero tenía que hacer el intento. Cuando me puse la camiseta vi unos cuantos moretones en mi espalda… Lo intenté borrar de mi mente, pero me quedé paralizada por unos segundos.

Cuando entré por la puerta de clase, nos sentamos todos y empezamos a escribir en el examen, pero yo me quedé en blanco, no recordaba nada, no lo entendía: me lo sabía. Había estudiando todo el día.

—Profe..., no puedo hacerlo. —Sentía cómo la voz me temblaba. Mis manos sudaban, el corazón me latía con fuerza.

Ella se acercó despacio, con esa mirada que siempre intentaba calmarme.

—Jessica, inténtalo —me pidió con suavidad.

Negué con la cabeza.

—No..., no lo haré —respondí, antes de que las lágrimas me traicionaran.

Me levanté de un salto, con el pecho ardiendo, y salí casi corriendo hacia el baño.

Mis compañeras Naira y Elena fueron detrás de mí.

—¡Jessica, abre la puerta! ¿Estás bien? —gritó Elena, golpeando suavemente desde el otro lado.

Cerré los ojos con fuerza.

—¡Déjenme en paz, por favor! —respondí con la voz quebrada.

Hubo un silencio corto, lleno de preocupación. Luego escuché a Naira, más suave, casi como un suspiro:

—Solo queremos ayudarte...

Sus palabras atravesaron la puerta, pero también la barrera que yo misma había levantado.

Salí del baño y lo conté como pude.

Pero no me salían las palabras. Las aparté y me fui.

Empecé a pensar que fue mi culpa. Ese sentimiento que no sabía identificar fue cogiendo nombre, era culpa.

Quería estar sola, no existir durante un rato. Durante una vida.

Me podía la ansiedad, mi mente no era capaz de sanar.

Empecé a replantearme muchas cosas. Sentía esa necesidad de hacer algo distinto, de romper con lo de siempre. Me miré al espejo y pensé que tal vez unas mechas rubias no estarían mal. Compré ropa nueva, diferente. Empecé a dibujar otra vez, a escribir sin miedo, y por primera vez en mucho tiempo, todo comenzó a sentirse… normal.

Mis padres ya no discutían tanto.

Yo había aprobado la recuperación de aquel examen que me salté.

Era como si, poco a poco, todo empezara a ordenarse.

Quería un cambio.

Pero no sabía que ese cambio iba a venir acompañado de tu nombre.

Tuviste que enviarme una solicitud.

Era Chars. Otra cuenta. Otra forma tuya de intentar colarte de nuevo en mi vida.

Mensaje:

—Hola, Jessica.

Pero yo ya no era la de antes. Así que te demostré justo lo contrario de lo que esperabas.

Y sí…, te molestó.

—Ya va siendo hora de que me olvides, ¿no crees? —te escribí—. No vuelvas a escribirme —terminé diciendo.

Después bloqueé tus llamadas, tus mensajes, todo lo que tuviera que ver contigo.

Y cuando por fin lo hice, cuando el silencio llenó la pantalla, sonreí.

Tenía que pasar página.

No bastaba con cambiar mi aspecto o bloquear un recuerdo.

Necesitaba hacer algo distinto, algo que me hiciera sentir que realmente estaba viva.

Así que me apunté a un curso de escritura.

Al principio fue por curiosidad, por distraer la mente. Pero pronto descubrí que escribir era mucho más que eso.

Era como abrir una ventana dentro de mí, como dejar que todo lo que llevaba guardado saliera sin miedo, sin filtros.

Mis palabras fluían sobre el papel. Cada frase era una forma de soltar lo que me dolía.

Era como tener una nueva vía de escape, una manera diferente de respirar.

Les conté a mis amigos —a Travis, Ronald y Scott— lo que había pasado con Jack.

Era algo que ya no podía seguir guardando. Me estaba consumiendo por dentro.

Al principio pensé que me juzgarían, que dudarían de mí, que mirarían hacia otro lado.

Pero no fue así. Me escucharon en silencio, sin interrumpirme, y cuando terminé, solo hubo apoyo. Más del que jamás imaginé.

Sentí cómo se me quitaba un peso de encima. Me desaté.

Por primera vez en mucho tiempo, respiré sin culpa.

Estaba tan bien…, tan tranquila…, que llegué a creer que todo había terminado.

¿O no, Jessica?

¿De verdad había terminado todo?

"La verdad siempre encuentra la forma de salir"

Capítiulo 9
Me rindo

Vacía…

Así me volvieron a dejar una vez más… Pero tú no, Jackson. Esta vez no fuiste tú.

Las amigas… ¿buscan venganza? ¿No es así, Valen? A veces el dolor no se apaga con lágrimas, sino con rabia. Cuando te hieren, lo único que parece justo es que el otro sienta lo mismo. Pero la venganza no cura, solo contagia el daño.

Ya era verano, estaba puesta la feria, ¡por fin de vacaciones!

Había conocido a Valen por mi vecina. Ellas se conocían por un lío que hubo en la feria…, una larga historia.

Al principio no le di mucha importancia, hasta que me di cuenta de quién se trataba: la de las pequeñas pecas en la cara, bajita, de cabello castaño y con esas trenzas de raíz que la hacían inconfundible.

Era ella.

La ex de Jackson.

Él me había hablado de ella muchas veces, pero nunca mencionó su nombre. Me di cuenta por Elena, mi vecina, que me contó lo que había pasado en las fiestas: Jackson había golpeado a un chico. Decían que el tipo se estaba metiendo con su novia… Pero todos sabíamos que iba más allá.

Celos.

Estaban juntos.

No le di mucha importancia, ya que había pasado mucho tiempo de eso. Además, ella era muy dulce, parecía una buena chica. Tenía esa forma de hablar que te hacía confiar, y una sonrisa tranquila que hacía olvidar cualquier rumor.

Nos sentamos en una cafetería dentro del Rangue. El ambiente me traía recuerdos que prefería no despertar. Valen jugaba con una pulsera en su muñeca, nerviosa, como si quisiera decir algo pero no supiera cómo empezar.

—Jess… —dijo al fin, bajando la voz—. ¿Puedo contarte algo sin que me juzgues?

Asentí. No imaginaba lo que estaba por decir.

—Es que… tengo novio. Bueno, no sé —suspiró—. Se llama Jackson.

Sentí un nudo en el estómago, pero fingí sorpresa.

—¿Jackson? No me suena… ¿De dónde es? —pregunté, como si el nombre no me quemara por dentro.

—De aquí, del barrio. Es buen chico, pero… a veces cambia. Es muy celoso, y últimamente me da miedo decirle ciertas cosas.

—¿Celoso? —repetí, tratando de sonar casual—. ¿Qué tipo de celoso?

Valen dudó un momento.

—De esos que quieren saber con quién hablas, a dónde vas, qué haces todo el tiempo. Me revisa el teléfono, Jess. Y si no le contesto rápido, se enfada.

Mientras hablaba, cada palabra me traía recuerdos que había intentado enterrar.

Yo sabía muy bien cómo era Jackson. Demasiado bien.

Pero sonreí, fingiendo que era la primera vez que escuchaba su nombre.

—Bueno… —dije despacio—. Tal vez solo necesita confiar más en ti. A veces los chicos son así, un poco intensos.

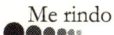

Ella me miró con los ojos brillando, como si buscara una esperanza que yo sabía que no existía.

—¿Tú crees que puede cambiar? —preguntó.

Me quedé callada un segundo, y aunque mi mente gritaba no, solo dije:

—Quizás. Si de verdad te quiere.

Valen me miró y sonrió, un poco más tranquila.

—Gracias, Jess. De verdad. No suelo hablar de estas cosas con nadie…, pero contigo es diferente. Sé que seremos buenas amigas —dijo, y su voz sonó sincera—. Si alguna vez necesitas algo, ya sabes dónde acudir.

Asentí, devolviéndole la sonrisa.

—Claro, Valen. Gracias.

No sé por qué, pero sus palabras me dejaron una sensación extraña. Había algo en ella…, una mezcla entre ternura y algo que no sabía describir. Tal vez era la forma en que me miraba, como si ya me conociera de antes. Valen me transmitía seguridad y, a la vez, algo de desconfianza.

No podía explicarlo, pero en ese momento sentí que esa amistad iba a cambiar muchas cosas.

Pero yo sabía que no podía dejarla sola.

No…, no como hicieron conmigo.

—Hablaré con él. Ahora —susurró.
—¡Espera, Valen! —grité, saliendo casi corriendo de la cafetería—. Voy contigo.

—¿Estás segura de que quieres ir? —me preguntó—. Sé que vamos a discutir y no quiero que estés en medio... —Agachó la cabeza.

Me adelanté y la miré, aunque mi mirada fue entre nerviosa y decidida.

—Sí, Valen. Voy. Estoy segura.

Aunque por dentro todo en mí decía que no lo estaba.

No podía evitar sentir que estaba repitiendo una historia que ya había vivido…, pero esta vez no pensaba quedarme mirando. Llegamos al parque, justo al lado de la casa de Jackson.

Dios…, era como revivir todo otra vez.

No sabía si era correcto verlo, si debía quedarme allí, pero lo único que tenía claro era que mi amiga me necesitaba.

Se saludaron con un silencio incómodo, y antes de que Valen pudiera decir algo, Jackson me miró con el ceño fruncido.

—¿Esta qué hace aquí? —soltó con tono seco.

Antes de que Valen respondiera, hablé yo.

—Había quedado con ella, así que me quedo.

Jackson me sostuvo la mirada un segundo, pero enseguida la apartó y volvió a mirar a Valen.

—Te dije mil veces que no hablaras con ese chico —dijo con cara de enfado.

Valen respiró hondo, temblando un poco.

—¿Qué pasa ahora? ¿También te tengo que dar explicaciones? —le respondió—. No somos nada, Jackson. Desde ahora no.

Él la miró sin decir nada, con esa mezcla de orgullo y rabia que ya conocía demasiado bien.

Y aunque se me hiciera un nudo en la garganta, intervine:

—Jackson, una cosa —intenté mantener la calma—. No voy a meterme, pero ella no ha hecho nada. Solo estaba hablando. ¿Por qué eres así?

Se quedó callado.

Solo me miró, con esos ojos vacíos que decían más que cualquier palabra.

Me sentí verdaderamente orgullosa de lo que había dicho.

Ella lo dejó.

Nos fuimos juntas, sin mirar atrás. Ese mismo día salimos y conocimos a gente nueva, en un parque entre ellas cuatro chicas de nuestra edad. Valen le dijo a un amigo suyo que se viniera y yo invité a una amiga del cole, Ruby.

Toda la noche estuvimos bailando, y ya al día siguiente hicimos un grupo y quedamos todas para ir a la piscina. Todo eran risas, chapuzones y bromas. Nos lo estábamos pasando genial.

Valen no paraba de sonreír, sobre todo cuando apareció Dalton, el chico que habíamos conocido en el parque, ese tan majo que jugaba al fútbol cerca de allí.

Desde que llegó no se separaron.

Reían, se miraban, se hablaban bajito… y, por algún motivo, sentí que yo ya no existía.

Era como si el resto del mundo se hubiera borrado y solo quedaran ellos dos.

—Oye, Valen —dije mientras me secaba con la toalla—, creo que me voy a ir. Me están esperando en casa, así que…, si eso, mañana nos vemos.

—Ay, Jes, mañana no creo que pueda quedar —respondió con una sonrisa—. He quedado con Dalton.

—Genial, no pasa nada —contesté, fingiendo que no me importaba—.

Disfruta, te lo mereces.

Me despedí de las otras chicas, que se quedaron en la piscina, riendo entre ellas. Ruby vino conmigo. Caminamos en silencio un rato, hasta que ella me miró y dijo:

—No sé por qué, pero esa Valen no me da buena espina.

Yo solo suspiré. Tal vez tenía razón. Cuando salimos de la piscina, Ruby me miró de reojo.

Yo solté un suspiro, todavía con el cabello húmedo pegado al cuello.

—No sé…, parecía tan bien con ellos —respondí—. Es como si se hubiera olvidado de mí.

—Lo he notado —añadió Ruby, frunciendo el ceño—. Pero, bueno, pasa de ella.

Seguimos hablando, tan metidas en la conversación que por un momento dejé de mirar al frente. Y entonces me choqué con alguien.

El golpe fue suave, pero suficiente para hacerme retroceder un paso. Al levantar la vista, me encontré con Jackson.

Sus ojos se cruzaron con los míos, y sentí que el tiempo se detenía por un segundo. No supe si disculparme o salir corriendo. Pero antes de que yo lo hiciera, Jackson se apartó y al caminar se dio la vuelta y esbozó una sonrisa. Ruby me miró extrañada, pero yo solo podía pensar en cómo el destino a veces se encarga de ponerte justo enfrente de las personas que menos esperas. Escribí un mensaje a Valen para avisarla de que Jack estaba fuera esperándola.

Ella me respondió rápido: «Gracias, te quiero, amiga». Guardé el móvil con las manos temblando.

Ruby me miró preocupada.

—¿Qué pasa, Jess? Estás temblando.

Tragué saliva, intentando mantener la calma.

—Ruby…, creo que necesito contarte algo. Llevo mucho tiempo guardándome esto y… —Mi voz se quebró.

Ella se acercó enseguida, poniéndose delante de mí. Me sujetó los hombros con suavidad.

—Puedes confiar en mí —me dijo con una mirada tan sincera que casi me rompí.

—Jackson… —susurré, respirando con dificultad—. Él me hizo daño.

El silencio que siguió fue tan pesado que casi dolía. Ruby no dijo nada al principio, solo me abrazó. Y en ese abrazo, por primera vez en mucho tiempo, sentí que no estaba sola. Por fin pude hablar de eso con alguien.

—Necesitaba contarlo —dije, con la voz temblando—. Pero, Ruby, no puedes decir nada. No a Valen, ellos dos estuvieron juntos y sé que Valen no me creería.

Ruby me miró con preocupación.

—No diré nada, Jess.

Negué con la cabeza rápidamente.

—Por favor. Ella es mi mejor amiga ahora mismo. Ruby asintió, comprendiéndome sin preguntar más. No sabía si había hecho bien en contárselo, pero era eso o seguir ahogándome con mis propios pensamientos.

Valen ya casi no me escribía.

Ni siquiera nos veíamos.

Parecía demasiado ocupada con su nuevo lío. Decidí hablar con ella después de una semana sin saber nada.

—Valen, ¿qué tal? —pregunté, intentando sonar natural—. No pasó nada el otro día, ¿no?

—No, no, tranquila —respondió—. Hablamos y tal…, y oye, que hemos vuelto Jack y yo.

Me quedé en silencio unos segundos.

—¿Qué…? —fue lo único que pude decir.

—Sí, me ha dicho que va a cambiar —añadió, convencida, como si necesitara creerlo.

—Bueno, en ese caso… —murmuré, tragando la rabia y la tristeza que se me acumulaban en el pecho.

No podía hacer nada.

Por mucho que quisiera salvarla, también tenía que salvarme a mí. Fui de nuevo a la biblioteca. Últimamente me estaba centrando más y, para mi sorpresa, incluso estaba aprobando algunas cosas.

De repente, sonó un mensaje de Valen. Era cortante y directa:

—Jessica, tengo que hablar contigo. ¿Puedes quedar ahora?

—Sí… Estoy estudiando, pero ¿dónde estás? —respondí, intentando sonar calmada.

—En el pabellón Green.

¿Qué…? ¿Qué narices hacía ella allí?

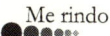

¿Estaría con Justin o con Chars?

No podía evitar sentir un nudo en el estómago. ¿Qué estaba pasando?

Cuando llegué, estaban Ruby, Valen y Jackson.

Los tres me miraron.

Saludé, pero nadie me devolvió el saludo.

Ruby solo bajó la cabeza.

—¿Qué narices te pasa, Jess? —preguntó Valen con tono duro—. ¿Cuándo te li...? ¿Cuándo estuviste con Jackson?

Me quedé en silencio, intentando recordar, hasta que la verdad me golpeó.

Cuando conocí a Jackson, él y Valen seguían juntos.

Él me dijo que quería dejarla..., y yo, tonta, le creí.

—¿Por qué no se lo preguntas a él? —respondí al fin—. Me dijo que lo habíais dejado. Ni siquiera te conocía bien hasta hace poco.

Valen soltó una risa amarga.

—¿Y luego qué? ¿Qué pasó entre Jackson y tú? Dímelo, Jess... ¿Qué te hizo?

—¿Qué? —pregunté, sintiendo que el aire me faltaba. Miré a Jackson con miedo, y a Ruby... con decepción.

—¿Te forzó? —repitió Valen.

Yo no..., no supe qué decir. Lo había contado, y ahora todo se desmoronaba. Solo quería desaparecer.

—Valen… —susurré, con la voz rota.

Ella se giró hacia Jackson, sacudiéndole.

—¿Qué le hiciste? —le gritó.

—Te juro que nada —respondió él, esquivando mi mirada.

Intenté no llorar. Intenté no gritar. Pero dentro de mí todo ardía.

Valen negó con la cabeza.

—No puedo creerte, Jessica —dijo, y en sus ojos vi una mezcla de rabia y dolor—. Lo está jurando, y sé que él no miente.

—¿Qué? —me sorprendió su respuesta.

—Eres una zorra.

Vi como su mano me golpeó rápidamente un lado de mi cara, ella estaba enfadada. Y yo…, yo solo sentí que me moría por dentro. No quería volver a verlos, no quería saber nada mas de ellos.

Me fui corriendo de aquel sitio y me quedé en un banco al lado de ese parque donde se solían poner Justin, Chars y los demás cuando no estaban en el pabellón.

Me sentí vulnerable, ya no me quedaba nada.

No podía dejar de llorar. Solo quería que alguien estuviese conmigo.

Llamé a Ronald rápidamente.

—¿Qué ha pasado? —dijo Ronald bastante asustado.

Le conté lo sucedido.

No se lo esperaba, pero me tranquilizaron un poco sus palabras.

Sabía que no estaba sola, y aun así… me sentía vacía.

Ya no encontraba la luz.

Aunque ellos siempre trataban de sacarme brillo, de recordarme que todavía había algo en mí que valía la pena. Yo seguía sin verlo.

—No digas eso, nos tienes a nosotros, Jessica. Te queremos mucho.

Necesitaba oírlo, pero no era suficiente...

—Yo también os quiero. —Sonreí.

—Háblame cuando quieras, ¿sí? Avísame con todo. Te quiero, Jessica.

Tanto Ronald como Tom y Travis se convirtieron en personas muy importantes para mí.

Pero por más que tuviera personas a mi lado, ya no veía el sentido a nada. A mi cuerpo no le entraba apetito, el simple hecho de levantarme cada día me pesaba.

Mi mejor amiga no me creía, mis amigos me habían humillado y Jackson… Jackson había acabado conmigo.

Y sin contar que mis padres ni siquiera entendían nada. Intentaban hablar conmigo, pero sus palabras rebotaban contra una pared invisible que había levantado sin darme cuenta.

Ya no sabía cómo explicarles lo que sentía, porque ni yo misma lo entendía.

Justin había contado cosas íntimas de nosotros, cosas que creí que quedarían entre los dos.

Y James… James se aprovechó del momento, de mi debilidad, de mi necesidad absurda de sentirme querida por alguien.

Le seguí el juego solo para no pensar, solo para distraerme de todo lo que dolía.

Pero el vacío no desaparecía.

Todo fue empeorando.

Mis notas empezaron a caer de nuevo y cada vez que miraba mis apuntes me sentía más lejos de la persona que solía ser.

Mi cabeza no paraba, las noches se volvían eternas.

Era como vivir en un bucle donde nada tenía sentido. Habían pasado tantas cosas en tan poco tiempo que mi cuerpo seguía funcionando, pero mi mente…, mi mente estaba agotada.

Sentía que me hundía lentamente, y nadie parecía verlo del todo.

Y lo más triste era que ya ni siquiera sabía si quería que alguien lo viera.

Cogí una de las cuchillas finas y pequeñas.

Me miré al espejo colocando la hoja en mi muñeca. Solo pensaba en desaparecer, en dejar de existir, dejar de tener problemas. Dejar toda está mierda atrás.

Me fui cortando poco a poco…, sin pensar en nada ni en nadie, pero me asusté y tiré la cuchilla a un lado.

Mi cabeza de repente dio un giro, me traía a mi familia, a mis amigos, a mis amigos de verdad; ellos me ayudaron, estuvieron, y yo sabía que podría salir de todo esto, podía ser fuerte y seguir.

Me volví a mirar en el espejo.

Dios, ¿qué estaba haciendo?

Tenía que afrontar la realidad, no me podía rendir, tenía que seguir luchando.

No sé en qué momento llegué hasta aquí, ni qué fue lo que cambió dentro de mí.

Quizá fue una chispa diminuta, una luz tan débil que apenas se notaba…, pero estaba ahí.

Y aunque todo en mí dolía, aunque mi mente seguía cansada, dentro de mí aún quedaba algo.

Una voz pequeña, casi apagada, que me decía: «Aguanta un poco más». Empecé a entender que la valentía no siempre es gritar, ni enfrentarse al mundo con fuerza.

A veces es simplemente levantarse un día más, mirar al espejo y decidir no rendirse.

Cada lágrima, cada silencio, cada noche sin dormir…; todo eso me había hecho más fuerte sin que yo lo supiera.

Por primera vez en mucho tiempo respiré hondo.

Y aunque el aire seguía doliendo, ya no me quemaba tanto.

Había miedo, sí…, pero también una pequeña parte de mí que quería volver a vivir, volver a creer.

Volví a escribir

Poner mis sentimientos en letras, darles forma.

Quería sacarlo todo…: cada pensamiento, cada recuerdo, cada parte de mí que aún pesaba demasiado.

Era como gritar en silencio, dejar que el papel absorbiera lo que mi voz no podía decir.

Al principio me temblaban las manos. No sabía por dónde empezar, ni si tendría el valor de enfrentar lo que saliera de mí.

Pero una vez que las palabras comenzaron a fluir, ya no pude detenerlas. Lloré mientras escribía, pero fue un llanto distinto…, uno que no me destruía, sino que me vaciaba poco a poco de todo lo que me hacía daño. Cada palabra era una herida abierta, pero también una pequeña cicatriz formándose.

Y por primera vez sentí que mi historia ya no me pertenecía solo a mí…, sino a la parte de mí que, aun rota, seguía queriendo brillar.

Así que decidí contar mi historia.

Había dejado atrás a esa gente, ese dolor que tanto me había marcado.

Y entonces llegó Harry.

Él fue como un soplo de aire fresco en medio del caos.

Era gracioso, diferente…, sano.

Con él aprendí que no todos llegan para romperte, que algunos aparecen para ayudarte a reconstruirte.

—No es solo una historia, Jess… —dijo él, mirándome a los ojos—. Es tu historia.

Guardé silencio. No supe qué responder.

Su voz tembló un poco cuando continuó:

—Y te prometo algo: nunca más nadie te hará daño.

Sus palabras me envolvieron como un abrazo que no necesitaba explicación.

Por primera vez, no sentí miedo.

Solo calma.

Volví a cantar, a leer, a perderme entre las páginas de los libros y, por fin, a encontrarme un poco a mí misma.

Conocí a personas increíbles en el instituto: a Erika, con su risa contagiosa, y a Malena, que siempre sabía qué decir cuando el mundo parecía venirse abajo.

Con ellos empecé a sentirme viva otra vez. No de golpe, no de un día para otro, pero sí poco a poco…

Como si el sol, después de mucho tiempo escondido, por fin hubiera decidido volver a salir para mí.

"Quizá sanar empieza en silencio"

Capítiulo 10

Nuevos comienzos

Me pasaba las tardes escribiendo en mi habitación, dándole forma a toda esa historia.

Sentía orgullo de lo que había conseguido, de lo que había atraído hacia mi vida y, sobre todo, de lo que había dejado atrás.

Cada palabra era un recordatorio de mi fuerza, de mi capacidad para seguir adelante, y de que, a pesar de todo, había aprendido a elegir mi propia luz. La gente no siempre es buena, pero todo lo malo y lo bueno enseña algo.

Todo lo oscuro puede convertirse en un foco de reflexión y de amor propio, en un reconocimiento hacia uno mismo.

Aprendes a no tirar más la toalla; te vuelves más fuerte.

Las cosas afectan menos cuando tu mentalidad es tuya y eres tú quien decide cómo vivir. Aprendes a valorar lo que realmente importa: los tuyos, los que te apoyan y te levantan cuando caes. El *bullying* deja cicatrices, pero también enseña lecciones que nadie más puede dar. Quienes lo sufren descubren la fuerza silenciosa que habita en su interior, la capacidad de elegir a quién dejar entrar en su vida y a quién alejar. Aprenden que la vida no se mide por lo que los demás dicen o hacen, sino por la valentía de reconstruirse, de buscar su propia luz y de rodearse de quienes realmente los sostienen.

Sigan adelante, aunque duela.

Sigue adelante, aunque el camino parezca oscuro y pesado.

Dentro de ti hay una luz que nadie puede apagar.

Cada paso, por pequeño que sea, es un triunfo. Cada vez que eliges confiar en ti mismo, creces un poco más.

Cada vez que decides no rendirte, recuerdas que eres más fuerte de lo que imaginabas.

Que cada caída sea un recordatorio de tu fuerza y que cada amanecer sea una oportunidad para brillar aún más.

Sigue. Siempre sigue.

Porque dentro de ti siempre habrá suficiente luz para volver a levantarte. Si estás pasando por algo parecido, no lo guardes para ti.

Háblalo, escríbelo, conviértelo en tu historia. Grita lo que sientes, aunque solo sea en palabras sobre el papel.

Compartir tu verdad te libera.

No tengas miedo de expresar tu dolor: tu voz importa, y tu historia merece ser escuchada. Quiero deciros a los que un día intentasteis hundirme que no lo conseguisteis. Me da igual que reflexionéis sobre vuestros actos o no, porque yo no guardo rencor. Al contrario, quiero daros las gracias.

Gracias, porque si no me hubiera pasado esto —algo que nadie merece vivir—, no sería la persona que soy hoy. No habría descubierto la escritura, ni estaría publicando mi historia, ni habría aprendido a valorar mi propia fuerza.

Ahora mi lucha tiene otro propósito: ayudar a quienes están pasando por lo mismo.

Con esta novela quiero transmitir que es posible levantarse, que hay luz después de la oscuridad, y que incluso lo que parece más doloroso puede convertirse en fuerza, aprendizaje y esperanza.

Por aquellas marcas del olvido.

Guía didáctica: No Estás Solo/a

Si al leer la historia de Jess te has sentido identificado/a, o si estás viviendo una situación de acoso, es importante que sepas que **el bullying no es tu culpa** y que, al igual que la "mariposa roja", tú también puedes encontrar la salida.

1. Identifica las Señales

El acoso no siempre son golpes. Puede ser silencioso y destructivo:

- **Exclusión social:** Cuando te dejan de lado a propósito o inventan rumores para aislarte (como le sucedió a Jess).

- **Acoso verbal:** Insultos, burlas constantes o apodos hirientes.

- **Ciberacoso:** Ataques a través de redes sociales o mensajes que no te dejan descansar ni en casa.

- **Manipulación emocional:** Sentirte obligado a hacer cosas que no quieres para "encajar" o no perder "amigos".

2. Pasos para Actuar

- **Rompe el silencio:** El acoso se alimenta del secreto. Cuéntaselo a un adulto de confianza (padres, un profesor, un orientador). No es "chivarse", es proteger tu integridad.

- **Registra lo que pasa:** Si es ciberacoso, guarda capturas de pantalla. Si es físico o verbal, anota fechas y personas presentes.

- **No respondas con violencia:** Los acosadores buscan una reacción. Mantener la calma y alejarte es una muestra de mayor fortaleza.

- **Busca redes seguras:** Rodéate de personas que te hagan sentir bien. A veces, los verdaderos amigos están fuera del grupo que te hace daño.

3. El Camino de la Sanación

Sanar las "marcas del olvido" toma tiempo. Jess descubrió que la escritura y el apoyo de Harry fueron clave. Para ti puede ser:

• **Terapia profesional:** Hablar con un psicólogo ayuda a reconstruir la autoestima que el acoso intenta destruir.

• **Expresión creativa:** Escribe, dibuja, canta o haz deporte. Convierte tu dolor en algo que tú controles.

• **Autocompasión:** Sé amable contigo mismo. Estás pasando por algo difícil y sobrevivir a ello ya te hace un héroe.

Recuerda: Tu valor no lo define la opinión de personas que no saben amar. Tu historia no termina con el acoso; ese es solo un capítulo difícil, pero tú eres el autor del resto del libro.

Recursos de Ayuda
• **España:** Teléfono de ayuda contra el acoso escolar: **900 018 018.**